Les plus belles abbayes de France

LES PLUS BELLES ABBAYES DE FRANCE

FRANÇOIS COLLOMBET

Photographies :
RICHARD NOURRY

Sélection du Reader's Digest

PARIS•BRUXELLES•MONTRÉAL•ZURICH

Les Plus Belles Abbayes de France
est une publication de
SÉLECTION DU READER'S DIGEST

Cet ouvrage a été réalisé par Premiere Page
Production : Jean-Paul Paireault
Édition : Dominique Artigaud
Conception graphique : Mireille Palicot
Révision : Nicole Thirion

Sous la direction éditoriale de Sélection du Reader's Digest
Direction éditoriale : Gérard Chenuet
Responsables de l'ouvrage : Élisabeth Glachant, Paule Meunier
Lecture-correction : Béatrice Omer
Couverture : Dominique Charliat
Fabrication : Jacques Michiels

PREMIÈRE ÉDITION
Troisième tirage

ISBN 2-7098-0610-X

(Page de droite, l'abbaye de Saint-Wandrille.)

SOMMAIRE

INTRODUCTION	8	
CHAPITRE	**I**	**L'OUEST**
LE MONT-SAINT-MICHEL	22	*Le navire abbaye*
NOTRE-DAME DU BEC-HELLOUIN	32	*Des abbés primats d'Angleterre*
JUMIÈGES	36	*Les plus belles ruines de France*
SAINT-WANDRILLE	42	*La vallée des Saints*
SAINT-ÉTIENNE ET LA TRINITÉ DE CAEN	46	*La promesse de Guillaume*
SAINT-GEORGES-DE-BOSCHERVILLE	48	*L'école romane normande à son apogée*
MORTEMER	50	*Première abbaye cistercienne de Normandie*
BEAUPORT	52	*Les seigneurs blancs*
LANDÉVENNEC	56	*Selon la règle celtique*
SOLESMES	58	*La renaissance bénédictine*
L'ÉPAU	62	*La Dame du Mans*
MAILLEZAIS	66	*Le bastion des Huguenots*
SAINT-SAVIN-SUR-GARTEMPE	68	*La chapelle Sixtine du Moyen Âge*
SAINT-MARTIN DE LIGUGÉ	72	*Le plus ancien site monastique d'Occident*
CHAPITRE	**II**	**LE CENTRE**
FONTEVRAUD	76	*La perle des abbayes*
SAINT-BENOÎT-SUR-LOIRE	82	*Un exemple pour toute la Gaule*
NOIRLAC	88	*Les très riches heures d'une abbaye berrichonne*
FONTGOMBAULT	92	*Autour de Pierre de l'Étoile*
MOZAC	94	*Haut lieu de la sculpture romane auvergnate*
LAVAUDIEU	98	*La vallée de Dieu*
LA CHAISE-DIEU	102	*Ultima hora*
AUBAZINE	108	*Des vitraux en grisaille du XIIe siècle*
CHAPITRE	**III**	**LE SUD-OUEST**
SAINTE-FOY DE CONQUES	112	*Le maître de la lumière*
MOISSAC	116	*La vision de l'Apocalypse*
FLARAN	122	*Nuits musicales en Armagnac*
BEAULIEU-EN-ROUERGUE	126	*Aux confins du Quercy et du Rouergue*
SAINT-BERTRAND-DE-COMMINGES	130	*Le Mont-Saint-Michel des terres*

CHAPITRE IV LE SUD-EST

SAINT-MICHEL-DE-CUXA	138	*La catalane*
FONTFROIDE	140	*Citadelle cistercienne en pays cathare*
SAINT-MARTIN-DU-CANIGOU	142	*Le nid d'aigle*
VALMAGNE	144	*La cathédrale des vignes*
SÉNANQUE	148	*Dans les lavandes de Provence*
SILVACANE	150	*La cadette*
LE THORONET	152	*L'aînée provençale des filles de Cîteaux*
MONTMAJOUR	156	*L'abbaye des marécages*
ÎLES DE LÉRINS	158	*Les îles aux moines*
LA GRANDE CHARTREUSE	162	*Le désert*
HAUTECOMBE	168	*« Ô temps ! suspends ton vol... »*

CHAPITRE V L'EST

LE MONT-SAINTE-ODILE	174	*La montagne sacrée*
PONT-À-MOUSSON	176	*Contre la réforme*
FONTENAY	178	*L'esprit de Dieu plane ici sur les eaux*
CLUNY	184	*L'empire dont le prince est un abbé*
PONTIGNY	190	*Les exilés de Cantorbéry*
MONTBENOÎT	192	*Crêpage de chignon dans le chœur*
SAINT-PHILIBERT DE TOURNUS	196	*« La grave et massive carrure » (Victor Hugo)*

CHAPITRE VI LE NORD

SAINT-RIQUIER	200	*La grande abbaye carolingienne*
VALLOIRES	202	*Quand l'art baroque sied aux Cisterciens*
OURSCAMP	204	*La salle des morts*
CHAÂLIS	206	*Le monastère de Charles*
LONGPONT	208	*La rosace vide*
ROYAUMONT	210	*Il servait à la table des moines*
SAINT-GERMAIN-DES-PRÉS	214	*Au cœur de la vie intellectuelle*
PORT-ROYAL-DES-CHAMPS	216	*Le combat fratricide*

GLOSSAIRE	218
INDEX	220

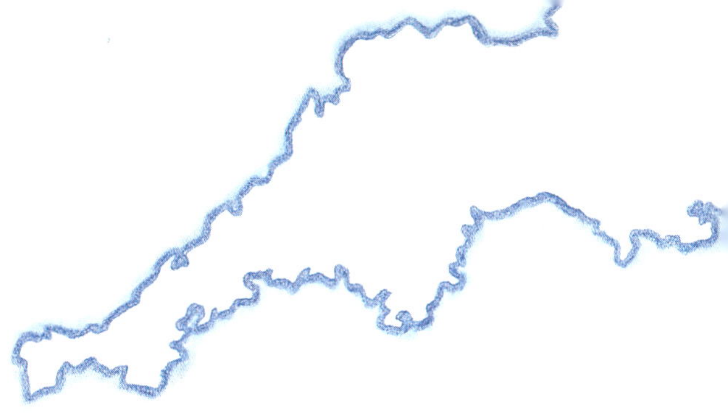

LES CHEMINS DU SILENCE

Quel autre monument mieux qu'une abbaye
peut incarner autant l'histoire d'une région ?
Mémoire des pierres, mémoire des hommes qui décidèrent
de s'isoler et entreprirent d'habiter ensemble,
unis dans la prière, le travail et le silence.
« Bernard dans le vallon, Benoît sur la colline »
selon un vieil adage partageant Cisterciens et Bénédictins,
moines blancs et moines noirs.
Entre le nord et le sud, l'ouest et l'est,
que de vallons et de collines à parcourir
sur les chemins du silence, loin du monde
pour être plus près de Dieu.

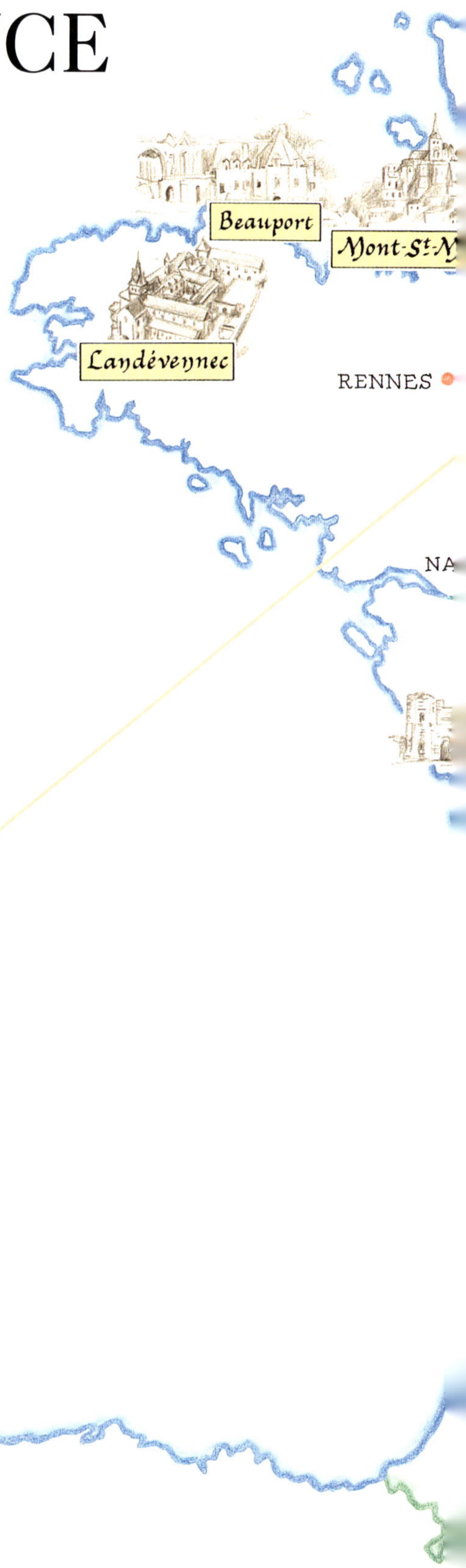

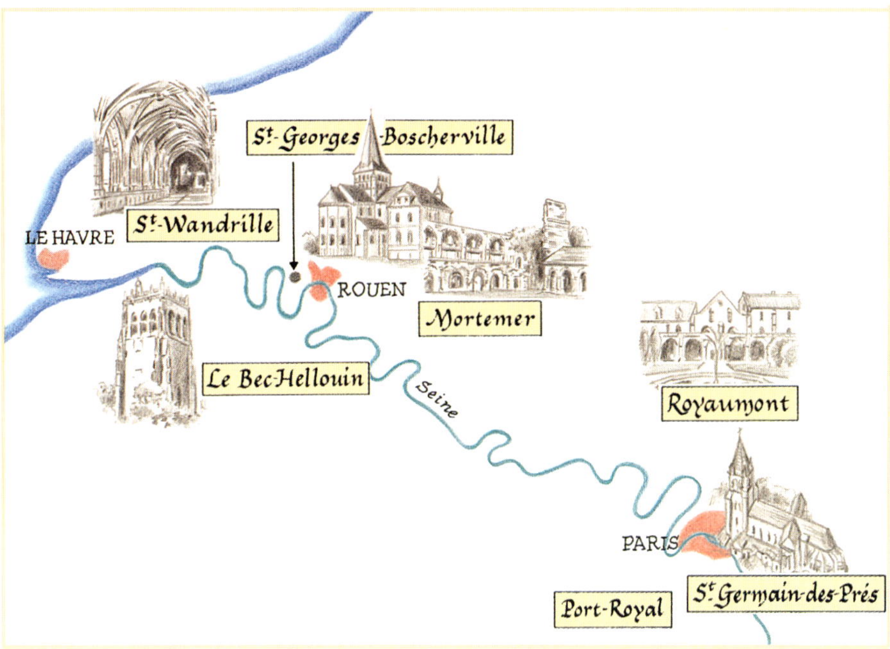

St-Riquier
LILLE
Valloires
Jumièges
Ourscamp
LE HAVRE
ROUEN
Longpont
Meuse
Rhin
Caen
PARIS
Pont-à-Mousson
Châalis
STRASBOURG
Mont-Ste-Odile
Seine
TROYES
ORLÉANS
L'Épau
St-Benoit-s/L.
Pontigny
Fontenay
Solesmes
TOURS
Loire
Fontevraud
Montbenoit
Fongombault
Noirlac
Tournus
St-Savin
Maillezais
Cluny
Hautecombe
LYON
Ligugé
Vienne
Mozac
La Grande Chartreuse
La Chaise-Dieu
Aubazine
Lavaudieu
Dordogne
BORDEAUX
Rhône
Conques
Beaulieu-en-Rouergue
Moissac
Sénanque
Garonne
Montmajour
NICE
Flaran
Silvacane
Le Thoronet
Lérins
TOULOUSE
Valmagne
MARSEILLE
Fontfroide
St-Bertrand-de-Comminges
St-Michel-de-Cuxa
St-Martin-du-Canigou

Ne cherchez pas les racines du monachisme occidental en Gaule ou en Italie. Elles sont en Égypte et en Palestine. L'époque qui précède la naissance de Jésus voit en effet des sectes judaïques s'installer dans le désert de Basse-Égypte. Ce sont pour la plupart des communautés d'ascètes. L'une d'entre elles, les thérapeutes, a été décrite par un philosophe grec d'origine juive, Philon d'Alexandrie.

Les manuscrits de la mer Morte

Une autre de ces sectes s'est implantée en Palestine : ce sont les esséniens, dont on connaît l'existence par les manuscrits retrouvés sur les bords de la mer Morte. Ils sont établis à Qumrân, sur la rive nord-ouest. Vêtus de vêtements blancs, ils vivent dans l'attente d'un maître de justice, que certains reconnaîtront en Jésus.

Extraordinaire destin que celui de leur bibliothèque, qui échappa au saccage des Romains de l'an 68 pour n'être mise au jour qu'en 1947 ! Parmi les livres découverts, on a retrouvé leur manuel de discipline, qui préconise le célibat, l'ascétisme, la purification rituelle et la communauté de biens.

La tentation du désert

Mais le véritable fondateur du mouvement érémitique chrétien, c'est Antoine le Grand (231-356), dont Athanase (295-373), patriarche d'Alexandrie, nous a dépeint les fameuses « Tentations ». S'il vécut toute sa vie en Égypte, son influence fut considérable et s'étendit bien au-delà, en Syrie surtout, qui connut une floraison d'ascètes.

Ses moines (du grec *monos*, seul) sont des ermites. Ils vivent isolés dans des huttes, des tombeaux ou des cavernes, ce qui leur vaudra le nom d'anachorètes (du grec *anakhôrêtês*, qui se retire).

Le dimanche, ils se réunissent pour prier et partager un repas autour d'un oratoire. En guise de travail manuel, ils confectionnent des objets en vannerie et en bois. Mode de vie somme toute assez proche de celui de nos Chartreux aujourd'hui...

Mais cette quête de Dieu dans la solitude du désert fait déjà l'objet des premières controverses : on leur reproche des détournements, des excès en tout genre, une forme de compétition dans la pratique de l'ascétisme et de la macération (mortification du corps) et le caractère douteux de certaines vocations, qui parfois ne servent qu'à échapper aux obligations militaires ou tout simplement aux impôts.

L'institution de la clôture

Vers 320, en Égypte toujours, mais cette fois dans la région de Thèbes (d'où le nom de thébaïdes donné aux premières communautés de moines), Pacôme (286-346) impose sa règle, dont nous connaissons la version établie par saint Jérôme. Il crée de véritables villages d'hommes et de femmes, construits autour de l'église, où chaque maison abrite un corps de métier. Il innove donc en introduisant le principe de la clôture, qui distingue le monastère du couvent : derrière l'enceinte, le moine accepte de s'enfermer pour la vie. Ainsi naissent les cénobites (du grec *koinobion*, vie en commun), qui partagent une même vie, portent le même habit, prennent ensemble leurs repas et participent aux offices et à l'eucharistie. Le chef du village est nommé par Pacôme lors des assemblées générales. Après l'Égypte, la Palestine, la Syrie et la Cappadoce, on verra bientôt la Gaule, l'Italie, l'Espagne et l'Afrique se peupler de communautés de moines. Anachorétisme et cénobitisme seront les deux modèles du monachisme occidental.

Un officier romain d'origine hongroise

En 313, l'empereur romain Constantin Ier le Grand, nouvellement converti, garantit aux chrétiens, par l'édit de Milan, la tolérance du culte. Ce qui vaut reconnaissance du christianisme comme religion d'État. Mais rien n'est encore gagné, car la Gaule est restée païenne dans les deux sens du terme : paysanne et polythéiste. Il revient donc à des hommes de la trempe de Martin, véritable « athlète de Dieu », de l'évangéliser. Martin, c'est d'abord un soldat. Ancien officier de la garde impériale d'origine pannonienne (hongroise), il parcourt la Gaule précédé de sa légende : n'a-t-il pas partagé son manteau avec un mendiant d'Amiens ? Au IVe siècle, le martyre ne semble en effet plus être la voie la plus sûre d'accès à la sainteté : celle-ci se gagne par la privation, la pauvreté, l'ascèse, par la charité et la prière. Encouragé par Hilaire, évêque de Poitiers et l'un des principaux docteurs de l'Église, Martin fonde en 361 le monastère de Ligugé. C'est là toute première fondation monastique française.

Les fondateurs

Avec Martin s'ouvre la longue liste des hommes qui vont couvrir la Gaule de monastères. Honorat, évêque d'Arles, crée une abbaye sur les îles de Lérins, au large de Cannes, future pépinière de saints. Jean Cassien, pour qui un verset de psaume semble suffire à repousser la tentation – « Dieu, viens à mon aide, Seigneur, secours-moi vite » –, fonde les monastères de Saint-Pierre et Saint-Victor pour les hommes et celui de Saint-Sauveur pour les femmes. Parmi tant de monastères créés au moment où se prépare l'effondrement de l'empire, citons aussi Saint-Loup de Troyes et Saint-Césaire d'Arles.

Bientôt, face aux coups de boutoir des invasions germaniques, les cloîtres sont les seuls à résister. Sur cette terre nouvellement conquise au christianisme, ce sont des rocs. Ils seront garants de la civilisation et de la spiritualité, qui serviront de levain à un nouveau monde : ils lui transmettront aussi bien le message évangélique que les savoirs et les techniques des Anciens.

« Notre père saint Benoît »

Benoît de Nursie n'est en cette fin du Ve siècle qu'un moine parmi tant d'autres. Il n'est pas le premier à écrire une règle, mais la sienne est un chef-d'œuvre de clarté, de modération et d'équilibre entre spiritualité et travail manuel. À ses yeux, le soutien de la papauté et des souverains constitue une force.

La règle bénédictine, qui prend forme au Mont-Cassin, va, grâce à Grégoire le Grand, premier pape bénédictin, trouver son unité et devenir à la fois la « charte du monachisme occidental » et le ciment de l'Église. C'est elle qui romanise la liturgie et le calendrier, faisant échec à tous les particularismes. « Notre père saint Benoît », aiment encore à dire, mille cinq cents ans plus tard, les moines vivant dans le respect de son idéal.

Saint Martin, vitrail de l'abbaye de Saint-Martin de Ligugé.

Benoît naît vers 480, à Nursie, dans la Sabine, région située au nord-est de Rome. Fils d'une famille libre, il subit les invasions barbares des Ostrogoths et des Wisigoths, qui ouvrent une période de désagrégation politique, sociale et morale. Très jeune, il fuit Rome pour se réfugier dans la solitude de Subiaco, où il vit en ermite dans une grotte. Il y est un jour découvert par des bergers. Les moines de Vocovaro l'élisent alors abbé. Mais la règle de conduite qu'il impose est trop dure, on cherche à l'empoisonner. Il regagne alors son cher désert, où les disciples bientôt affluent. Ce qui l'amène à fonder douze monastères de douze moines, dirigés par un abbé. Ainsi naît une armée fraternelle de fils de l'aristocratie et de barbares goths nouvellement convertis.

Grégoire Ier, premier pape bénédictin

Jalousies, intrigues, persécutions obligent Benoît à fuir pour s'établir dans la citadelle du mont Cassin, lieu de culte païen. Là, il détruit idoles et temples pour construire ce qui deviendra son grand monastère.

Là aussi, il rédige sa règle. Le 21 mars 547, âgé de soixante-quinze ans, il s'éteint au milieu de ses moines, laissant en héritage la règle de vie bénédictine, fondée sur la prière, le travail, la vie en commun dans l'obéissance à l'abbé et aux frères. Au cours d'une nuit que l'on situe entre l'an 577 et 581, les Lombards détruisent le Mont-Cassin. Les moines s'enfuient à Rome, abandonnant le corps de leur fondateur, qui sera récupéré quelques années plus tard par une « équipée » de moines venus du monastère de Fleury (Saint-Benoît-sur-Loire), situé près d'Orléans, en bordure de Loire. C'est Grégoire Ier, pape de 590 à 604, qui assure l'expansion de la règle bénédictine. Dans sa *Vie de saint Benoît*, il développe celle-ci en soixante-treize chapitres, dont le plus important traite de l'humilité. Puis il envoie des groupes de moines bénédictins en Angleterre, où ils débarquent à Pâques 597, et en Irlande, terre qu'aucun soldat romain n'avait encore foulée. C'est alors que se produit l'imprévisible : le monde celte de la mer d'Irlande s'enflamme pour le christianisme. L'île se couvre de monastères et devient le foyer le plus prolifique de l'ordre bénédictin.

L'épopée irlandaise en Gaule

Des moines irlandais partent en mission en Écosse et en Bretagne celtique, où ils convertissent les populations et fondent un peu partout des monastères. Mais bientôt les Angles et les Saxons envahissent la partie orientale de l'actuelle Angleterre. Des milliers de Celtes prennent alors la mer. C'est de ce véritable exode vers les terres d'Armorique que date l'évangélisation de notre Bretagne. Plusieurs saints devenus légendaires en sont responsables, tels l'Écossais Gildas, qui débarque à Guénolé et fonde Landévennec, et surtout saint Colomban. Formé à l'école de saint Congall, dans un monastère situé dans la baie de Belfast, et d'une stature exceptionnelle, Colomban ne recule devant rien. Il parcourt la Gaule orientale sur des routes que le manque d'entretien a rendues impraticables.

Les villes sont alors dépeuplées. Observant que seuls ont résisté les grands domaines vivant en totale autarcie, il en adopte le modèle pour ses monastères, auxquels il impose une règle de vie fondée sur le jeûne, la prière et la lecture. Ses moines deviennent copistes, pharmaciens, viticulteurs ou laitiers. Ainsi prend corps « l'épopée colombanienne ».

Dans la foulée de cette extraordinaire ascète fleurissent de grandes abbayes comme Luxeuil, Longpont. Des monastères naissent jusque sur les bords du lac de Constance et dans le Milanais. Tous ces établissements deviennent mixtes, alliant la rigueur de la règle bénédictine à la souplesse de la règle de saint Colomban. Fleury, fondé en 651, en est le meilleur exemple.

Saint-Guénolé, statue en pierre, abbaye de Landévennec.

Une civilisation claustrale

La seconde partie du VIIe siècle voit s'épanouir, de l'Angleterre bénédictine à la Rome des papes, une remarquable culture littéraire et artistique, à la faveur des liens étroits qui unissent la papauté et la dynastie carolingienne. À cette époque en effet, l'unité politique passe par l'unité de la foi. De Charles Martel, vainqueur des Arabes à Poitiers, à Pépin le Bref, couronné roi des Francs, puis à Charlemagne, dont le sacre en l'an 800 par le pape Léon II marque l'apogée de la dynastie carolingienne, les souverains assurent l'Église de leur protection et donnent à l'empire son unité.

Les monastères deviennent alors des bastions de la puissance temporelle. Un plan type de grand monastère bénédictin, dit plan de Saint-Gall (Suisse), s'impose à partir du début du IXe siècle.

Au cœur du monastère, se trouve le cloître, disposant d'un puits et d'une abondante végétation, où s'organise toute la vie intellectuelle et matérielle du moine. Il est ceint de galeries couvertes et accolé à la nef de l'église abbatiale.

Par sa masse, celle-ci fait écran aux vents froids, tout en exposant sa face méridionale au soleil. Son architecture de type basilical favorise la disposition des moines en longues files et permet les processions, qui, dans la liturgie bénédictine, jouent un rôle essentiel.

Plus tard, la nef s'allongera : le chœur s'agrandira pour abriter les stalles, et un narthex la prolongera, comme à Tournus.

La vie quotidienne dans un monastère

Le cloître est isolé par les bâtiments réguliers disposés en ailes. À l'est, le transept de l'église se prolonge en un grand bâtiment. Au premier étage on trouve le dortoir des moines. Voici en effet ce que prescrit le chapitre 22 de la règle : « Ils seront tous couchés dans un même lieu, s'il est possible ; que si l'on ne peut à cause du grand nombre, ils seront dix ou vingt dans une chambre, avec des anciens qui veilleront sur leur conduite. On allumera une lampe dans le dortoir, qui éclairera toute la nuit jusqu'au matin. Les frères dormiront revêtus de leurs habits réguliers avec des ceintures de cuir ou de corde. Ils seront toujours prêts au signal du réveil. Ils se lèveront, ils partiront à l'instant même [...] » Du dortoir, on descend directement dans l'église par un escalier, dit des mâtines.

La salle capitulaire se situe sous le dortoir, elle sert aux réunions quotidiennes de la communauté. Dans le chauffoir qui la jouxte, seule pièce chauffée du monastère, les moines peuvent trouver quelque réconfort en hiver. Une porte le fait communiquer avec les bains et les latrines, construits au-dessus d'un cours d'eau. Le réfectoire, long bâtiment parallèle à l'église, s'ouvre sur la galerie sud du cloître, en face du lavabo.

Le chapitre 38 prescrit que les repas sont pris en commun : « On gardera un silence si exact pendant le repas que, tout bruit cessant, il n'y ait que la voix toute seule du lecteur que l'on entende. » Tout se passe par signes. Les murs sont par ailleurs recouverts de peintures édifiantes destinées à modérer la voracité des moines.

À cette époque, le grand danger, ce sont les incendies. Aussi les cuisines sont-elles entièrement en pierre et disposées à l'écart. Elles communiquent avec le réfectoire par un passage couvert au-dessus duquel se trouve un grand vestiaire.

Déplaçons-nous vers l'aile occidentale : au-dessus des salles voûtées du cellier, lieu de stockage des provisions, de l'huile, de la cervoise – sorte de bière sans houblon que boivent les moines – et du vin – réservé à la messe et aux grandes occasions –, on trouve le logement des hôtes et quelquefois le noviciat et l'infirmerie (surtout dans les petits monastères). La bibliothèque ne se transformera en grande salle de travail que vers les XVIe-XVIIe siècles ; à l'origine, en effet, les moines ne disposent que de quelques livres destinés à la liturgie, entreposés dans une sorte d'armoire appelée armarium, creusée dans l'épaisseur du mur, près de la porte du cloître.

Le logis de l'abbé se situe au nord de l'église. Ce n'est bien souvent qu'une simple cellule, comme celle de Suger à Saint-Denis – manifestation d'humilité qui sera battue en brèche sous le régime de la commende : les abbés feront alors construire de véritables palais avec jardin.

En arrivant on trouve, toujours à l'ouest et dans l'axe de l'église, l'entrée principale avec son portier – la règle veut que ce soit un ancien – ainsi que les bâtiments d'accueil : hôtellerie, hospice, aumônerie.

Lorsque le monastère a pour mission de recevoir des hôtes de marque, fondateur ou simples donateurs – le seigneur local, le roi ou, quand l'abbaye ne relève pas, par exemption, du Saint-Siège, l'évêque –, ce secteur peut être de grandes dimensions.

Non loin de la porterie on trouve aussi l'administration temporelle de l'abbaye, baillinerie ou procure, ainsi que la salle de justice et la prison, l'abbé exerçant, comme tout seigneur, le droit de justice sur ses terres.

Au sud s'étendent les terres agricoles. Lorsqu'elles sont trop éloignées, des prieurés sont alors fondés au-delà de l'enceinte fortifiée du Moyen Âge pour les surveiller. À cette époque, le monastère a tout d'une entreprise agricole : étables, granges, écuries, viviers, colombiers, pressoir, brasserie, lardarium (fumoir).

Le cours d'eau indispensable à la vie du monastère a souvent été détourné pour alimenter les ateliers et surtout les moulins.

À l'est, enfin, on trouve le cimetière des moines, mais aussi les pépinières, les potagers, la volière ainsi que les vignobles destinés au vin de messe.

Le siècle de fer

La vie monastique ne va pas échapper au goût de Charlemagne pour la réglementation. L'empereur impose la règle de saint Benoît et, en 817, son fils Louis le Pieux décide, secondé en cela par le moine Witiza,. dit Benoît d'Aniane – du nom d'une abbaye qu'il avait fondée en 782 près de Montpellier –, qu'après l'Aquitaine, tous les moines de l'Empire franc seront bénédictins. Mais, en se réservant de nommer les abbés, l'empereur est lui-même responsable de la première violation de la règle.

Il faut alors diviser le patrimoine du monastère en deux parties : la mense conventuelle et la mense abbatiale. Ainsi abandonne-t-on le terme de monastère pour celui d'abbaye, qui suppose une charge, donc un certain nombre de services politiques, administratifs ou même militaires. L'abbaye devient membre à part entière de la société carolingienne.

Et, lorsqu'en 843 l'empire éclate en trois royaumes, le monachisme s'en trouve ébranlé. D'autant plus que la chrétienté est alors la proie des Vikings au nord-ouest, des Magyars à l'est et des sarrasins au sud.

L'empire clunisien

De cette période noire qu'est le Xe siècle, baptisé « siècle de fer » par les historiens, surgit le renouveau. Il a pour nom Cluny. Le 11 septembre 909, en effet, Guillaume, duc d'Aquitaine et comte d'Auvergne, fonde Cluny sur une terre qu'il possède en Bourgogne. Trois éléments vont propulser cette modeste abbaye de douze moines au firmament de la chrétienté : protection directe du Saint-Siège, libre élection de l'abbé et stricte observance de la règle bénédictine.

Pendant deux siècles et demi, l'ordre clunisien, considéré plutôt comme un empire, sera gouverné par une lignée de saints remarquables : Bernon, Odon, Aymard, Maïeul, Odilon, Hugues le Grand, Pierre le Vénérable. Ils couvrent l'Europe d'un réseau de monastères régis par la même règle, celle que tentait déjà d'imposer Benoît d'Aniane au IXe siècle : silence, travail intellectuel plutôt que manuel, pratique des vertus monacales. La prière liturgique devient alors l'occupation principale. La charité n'est pas oubliée pour autant : Georges Duby rapporte qu'à l'ouverture du carême les moines de Cluny distribuent chaque année la viande de deux cent cinquante porcs à seize mille indigents. Chez les Clunisiens, pas de dortoir mais des cellules individuelles. La plupart des moines sont prêtres, même si au XIIe siècle apparaissent les premiers frères convers, ces religieux en charge du travail domestique.

L'ordre s'impose à une allure foudroyante : en 1150, près d'un millier d'abbayes regroupant plus de dix mille moines relèvent de l'ordre clunisien. Rien n'échappe à l'autorité et à la puissance de Cluny, tant sur le plan politique que religieux. Le renouveau monastique provoqué par le lancement de la réforme grégorienne – du nom de Grégoire VII, pape de 1073 à 1085 – suppose l'indépendance totale de l'Église vis-à-vis des pouvoirs temporels. Cette indépendance est acquise jusqu'en 1258, date à laquelle l'abbé de Cluny renonce à l'exemption et remet son abbaye entre les mains du roi.

Deux siècles de bouleversements

Cluny a bouleversé la liturgie en imposant les prières et les psaumes chantés. Ainsi le chant grégorien rythme-t-il désormais la journée du moine : au cœur de la nuit ce sont les mâtines, puis viennent les laudes, la prime, la tierce, la sixte (l'heure de midi), la none, les vêpres ; le jour s'achève avec les complies.

Cluny a bouleversé l'architecture en faisant rayonner l'art roman non seulement en Bourgogne mais partout en Europe. L'ordre clunisien a jalonné les routes de pèlerinage de prieurés et de monastères et imposé un type d'église dit de pèlerinage. S'il ne semble pas avoir encouragé les croisades en Terre sainte, il est en revanche le promoteur du pèlerinage de Saint-Jacques-de-Compostelle. Il s'agissait avant tout de contrôler les sanctuaires détenteurs de reliques précieuses, sources de revenus considérables !

L'architecture s'adapte alors admirablement à la circulation de la foule : la nef s'allonge, le transept s'élargit et s'entoure de bas-côtés. Malgré la clôture des religieux, les pèlerins peuvent s'approcher du chœur et gagner les chapelles rayonnantes grâce au déambulatoire.

Cluny III, dont la construction démarre en 1088 et dont il ne reste aujourd'hui qu'un transept, reste longtemps le plus grand sanctuaire de la chrétienté. Il n'a été égalé en longueur qu'au XVIIe siècle par l'église Saint-Pierre de Rome sous sa forme définitive.

L'église de Vézelay, abbaye d'obédience clunisienne, symbolise l'apogée de cet art bénédictin, bien que le chœur ait été refait à l'époque gothique. Sa nef, admirable de simplicité par ses proportions, servira de modèle aux Cisterciens pour la construction de leurs églises.

Cluny a bouleversé l'art, l'art de l'image destiné au peuple analphabète : les sculptures, les vitraux, les peintures murales s'adressent à lui. Voyez ces extraordinaires scènes de la Bible peintes à Saint-Savin-sur-Gartempe, celles du porche de Vézelay, du tympan de Moissac : l'Apocalypse y est représentée dans une des plus belles et des plus impressionnantes compositions de l'art roman. Ou bien encore les quatre-vingt-huit chapiteaux du cloître, ciselés par de véritables orfèvres de la pierre.

En marge de ce mouvement capital, citons, parmi les grandes fondations de cette époque, Fleury (Saint-Benoît-sur-Loire), dont l'observance gagne les monastères d'Angleterre ; Marmoutiers ; Saint-Bénigne de Dijon avec Guillaume de Volpiano, abbé de 990 à 1031, qui réforme une quarantaine de monastères, dont la plupart des grandes abbayes normandes : Saint-Ouen de Rouen, Bernay, Fécamp, Le Mont-Saint-Michel, Jumièges. Citons aussi Fontevraud, en Anjou, fondée en 1095 par Robert d'Arbrissel, alors que le pape clunisien Urbain II prêche la première croisade. En ces temps de dévotion à la Vierge, Fontevraud offre la particularité d'être une abbaye de femmes. Elle regroupe cinq communautés sous l'autorité de la mère abbesse : deux communautés d'hommes et trois de femmes – les mères de chœur, les pécheresses repenties et les lépreuses. Comment aussi ne pas mentionner Lanfranc et Anselme, ces moines du Bec-Hellouin qui marquèrent si profondément le XIe siècle ? Ce siècle voit également Bruno, venu de la ville allemande de Cologne, fonder, dans le désert des montagnes grenobloises, la Grande Chartreuse, où il réussit à faire cohabiter vie commune et solitude érémitique. Un autre Allemand, Norbert, crée près de Laon, à Prémontré, un ordre austère de chanoines obéissant à la règle de saint Augustin, ordre qui se retrouvera très souvent en conflit ouvert avec les Clunisiens. Mais tous ont, dans un même élan, forgé un art grandiose qui célèbre avec magnificence le culte de la beauté consacrée à Dieu et à Marie, mère du Christ.

Cîteaux, fille de Cluny

À l'instar des grandes familles monastiques d'Occident, Cîteaux se réclame de saint Benoît et de sa règle. Le XIIe siècle sera le siècle de ses moines blancs, comme le XIe fut celui des moines noirs de Cluny. Il verra naître, à la suite du bouleversement technique qui donne naissance à la croisée d'ogives, un style nouveau, le style de Cîteaux, célèbre sous le nom de style gothique. Et le grand homme du XIIe siècle n'est pas à chercher du côté de Suger, abbé de Saint-Denis et ministre de Louis VI et Louis VII, ni même d'Henri II Plantagenêt, dont le royaume s'étend de l'Écosse à l'Aquitaine, mais de Bernard de Clairvaux, responsable de l'extraordinaire audience de l'ordre cistercien.

Abbaye de Cîteaux

Une charte de charité

Tout commence au début de 1098. Un groupe de moines venus de l'abbaye de Molesmes s'établit sur une terre inculte au sud de Dijon, une sorte de désert appelé Cîteaux. Ce « nouveau monastère », pour employer le terme d'alors, se fixe comme idéal d'observer à la perfection la règle de saint Benoît, qui jusqu'à présent n'était pratiquée qu'avec tiédeur. Parmi ces quelques pionniers, trois hommes se détachent : Robert, Albéric et Étienne. Ils vont gouverner la petite communauté sans ressources ni effectifs dans une relative quiétude, grâce à la protection directe du Saint-Siège. La véritable naissance de l'ordre date de la « charte de charité », qui voit le jour vers 1113 et que le pape Calixte II approuve dès 1120. Étienne Harding, son auteur, préconise la constitution d'une grande fraternité, selon des modalités de vie exigeantes : retrait du monde, autarcie totale grâce au travail agricole, pauvreté, cénobitisme des origines, suppression des cellules au profit du dortoir.

Frères convers et autonomie abbatiale

L'interdiction faite à l'abbaye de recevoir des terres, des biens ou tout autre revenu, donc de pouvoir exploiter le travail des serfs ou toucher de l'argent, a amené les Cisterciens, pour assurer l'exploitation du domaine, à faire appel au travail des frères « convers ». Ces religieux, simples laïcs non astreints à observer la règle ni à habiter le cloître, et qui se distinguent par le port de la barbe, sont en quelque sorte les bras de l'ordre, dont ils assurent la prospérité. Au XIIe siècle, leur sort est certainement plus enviable que celui des serfs ou même des paysans. Et ils dépassent souvent les moines en nombre.

Grâce à Harding, l'abbaye retrouve son autonomie, sous l'autorité du chapitre général de l'ordre.

Ainsi les Cisterciens renouent-ils avec l'esprit de la règle bénédictine, qui voulait que l'abbé soit seul maître à bord.

Quel contraste avec le monde si centralisé de Cluny ! Ici, le gouvernement est assuré par le chapitre général, qui tous les ans réunit l'ensemble des abbés élus par les moines. L'esprit de Cîteaux, c'est l'esprit de la démocratie.

Une expansion foudroyante

Ce début n'aurait pu être qu'un feu de paille sans l'arrivée d'une recrue de choix: Bernard de Clairvaux, qui en 1113 se présente au noviciat avec trente compagnons. Il a vingt et un ans. Cîteaux va découvrir en lui un ascète exigeant, qui subjugue tous ceux qu'il approche par son ascendant et par l'ardeur de sa charité. Très vite Étienne le juge digne de diriger la troisième des quatre filles de Cîteaux, Clairvaux, née après La Ferté et Pontigny mais avant Morimond. Bientôt on l'appelle de partout. Malgré une santé fragile, il est de tous les combats : il rétablit la paix, abolit les schismes et, à Pâques de l'an 1146, prêche à Vézelay la deuxième croisade, au nom de la chrétienté.

À une époque d'extraordinaire croissance économique et démographique en Europe, l'expansion de l'ordre est foudroyante. Les quatre premières filles de Cîteaux essaiment à leur tour. En 1119, 13 abbayes voient le jour. À la mort d'Étienne, en 1134, on en compte 70. En quarante ans, l'ordre fonde ou affilie 338 abbayes. À elle seule, Clairvaux compte 69 filles et, à la mort de Bernard, plus de 350 filles ou petites-filles. À la fin du siècle, l'Europe est couverte de 525 abbayes cisterciennes. Ce chiffre grossira jusqu'en 1675, où l'on dénombrera 742 monastères d'hommes.

L'abbaye du Thoronet, en Provence.

Au plus profond des forêts

La plupart de ces monastères sont installés sur des sites reculés et protégés d'un écran forestier, « à l'écart de la fréquentation humaine, loin du commerce du monde [...] dans les solitudes enfouies au plus profond des forêts ». Le *Petit Exorde de Cîteaux* nous rapporte ceci : « Ils convinrent de prendre des terres éloignées de toute habitation, des vignes, des prairies, des forêts, des cours d'eau pour y placer des moulins au service du monastère et pour pêcher. Ayant établi des granges au service de l'agriculture, ils décidèrent qu'elles seraient confiées aux convers plutôt qu'aux religieux car la sainte règle dit : l'habitation du moine, c'est le cloître. »

Sur le domaine abbatial – surnommé l'écrin –, toutes les activités rurales sont représentées : agriculture, pisciculture, élevage, viticulture, horticulture. Chacune a ses dépendances : basse-cour, colombier, moulin, cellier, vivier, potager, verger, jardin de plantes médicinales. La règle déclarant qu'« ils seront vraiment moines s'ils travaillent de leurs mains », ils se font charpentiers, menuisiers, charrons, œuvrant dans la maréchalerie, la sellerie, la buanderie, la brasserie, le pressoir... Ils exploitent même des carrières de minerai et des forges.

Une immense puissance économique

Que la charte impose la charité comme règle de base de la vie cistercienne – elle invite à nourrir ceux qui viennent crier famine aux portes, à porter assistance aux malades et aux mourants, à abriter les pèlerins, les fugitifs et les mendiants – n'empêche pas l'ordre de se retrouver rapidement à la tête d'une considérable puissance économique. Pour écouler ses excédents, il favorise le développement d'une véritable économie de marché. S'il est vrai que les Cisterciens prennent part au défrichement d'une bonne partie de l'Europe, leur rôle ne s'arrête pas là.

Grâce à leurs nombreux traités d'agronomie, ils se font les promoteurs de nouvelles techniques agricoles. Ils deviennent aussi les grands spécialistes de l'élevage, sélectionnant et améliorant les races. Ils sont par ailleurs connus pour être de grands experts en métallurgie, capables de choisir des fers de bonne qualité pour leurs outils agricoles et leurs moulins hydrauliques.

Le temps des hérésies

Mais Cîteaux est victime de son succès, l'ordre est atteint de gigantisme. Acquérir toujours plus de terres, construire toujours plus grand... Les abbés sont devenus de véritables seigneurs, distribuant les offices comme les prébendes. Sans parler des terres immenses qu'ils reçoivent en don, confiées aussitôt à des fermiers ou à des métayers. Qu'il est donc loin l'esprit des fondateurs, l'époque où Bernard montrait la voie : « Les arbres et les rochers t'enseigneront ce que tu ne peux apprendre d'aucun maître. » L'Église vit désormais dans une telle opulence qu'au XIIe siècle apparaissent des groupes de chrétiens fervents qui prônent le retour à la pauvreté, le respect des Écritures, et qui rejettent la hiérarchie ecclésiastique. Beaucoup sont déclarés hérétiques. Tel est le cas de Pierre Valdès, riche marchand lyonnais qui, après avoir distribué ses biens aux pauvres, est parti prêcher la pénitence. Ou bien encore des cathares. Issu semble-t-il d'une ancienne tradition religieuse iranienne, le mouvement cathare s'implante dans la région d'Albi, formant des communautés de « purs », de « parfaits », dont le niveau intellectuel et la qualité de la foi tranchent sur la médiocrité du clergé local. Douze abbés cisterciens sont chargés de les ramener à la raison de l'Église. En vain. Le pape Innocent III décide alors d'envoyer Dominique de Guzman (1170-1221). En vain là aussi. Seules les armes (guerres contre les albigeois de 1209 à 1295) puis l'Inquisition réussiront à les anéantir. Cette soif de convaincre a donné naissance aux Dominicains, frères prêcheurs qui se mettent à haranguer le peuple dans sa langue et là où il vit: dans la rue, sur l'esplanade des églises...

L'essor des ordres mendiants

Le XIIIe siècle marque sans doute l'apogée de la chrétienté et des institutions monastiques. Celles-ci seront cependant limitées par le quatrième concile du Latran (1215-1216), qui interdit toute nouvelle règle. C'est l'époque de l'érection de Royaumont, de la Sainte-Chapelle, du Mont-Saint-Michel. L'ordre de Cîteaux compte à lui seul cent soixante moines promus à l'épiscopat.

Il a la faveur des grands ; c'est aux Cisterciens qu'on confie les missions les plus délicates, les négociations de paix, la conclusion de trêves, etc.

La réforme de l'ordre imposée en 1335 par le pape cistercien Benoît XII arrive pourtant trop tard pour lui éviter de connaître un début de décadence. L'esprit du siècle s'est infiltré dans les cloîtres, porté par les changements sociaux. Les villes prennent leur essor, le commerce se développe. L'université attire maintenant l'élite intellectuelle et les ordres mendiants – Franciscains, Dominicains, Carmes, tous ceux qui ne sont pas tenus à la « stabilité de lieu » et qui mènent une vie de pauvreté et d'errance – drainent les meilleures vocations.

Le grand schisme

Dès le XIVe siècle, le temps des moines semble révolu. Le clerc cède le pas au laïc. Trois facteurs y ont contribué. En premier lieu, la guerre de Cent Ans (1337-1453), qui frappe de plein fouet les abbayes, amenant avec elle son cortège de malheurs et de destructions. Quel monastère n'a pas été pillé par les routiers des Grandes Compagnies, ces bandes armées sans foi ni loi qui écument le pays ? Les chroniques sont pleines des récits des chevauchées sanglantes du Prince Noir à la solde des Anglais. Il faut alors payer d'énormes tributs ou bien fortifier et se placer sous la protection des puissants.

Le deuxième facteur, c'est la peste noire. En 1348, elle décime le quart de la population occidentale. Les villages se dépeuplent, les terres se transforment en friches, les monastères se vident. Les ordres mendiants qui soignent les pestiférés sont encore plus gravement touchés. C'est le chaos, et les répercussions économiques, sociales et politiques sont considérables. Au nombre de celles-ci il faut inscrire ce qu'on a appelé le grand schisme d'Occident. Deux papes différents gouvernent un temps l'Église : l'un, l'Italien Urbain VI, qui vit à Rome, a le soutien de l'Empire et de l'Angleterre ; l'autre, Clément VII, installé à Avignon, est soutenu par la France. La fin des hostilités permet enfin à l'économie de redémarrer et aux communautés monastiques de se reconstituer. Bien souvent, elles reconstruisent sur des ruines. Mais cette renaissance se fait au détriment des Cisterciens et des Bénédictins, et au profit des ordres mendiants, qui, non contents d'attirer les nouvelles vocations, accaparent la plupart des donations.

Le système pervers de la commende

Le dernier facteur de déclin, ce sont les dérives qui vont encourager le développement du système de la commende. À l'origine il s'agissait de l'administration temporaire des biens de l'abbaye par un homme désigné par le pape ou l'évêque, dans l'attente d'une élection ou d'une nomination. L'administrateur percevait alors les revenus traditionnellement réservés à l'abbé. Mais très vite les papes ont usé de ce droit de nommer un laïc en dehors de toute préoccupation spirituelle pour asseoir leurs hommes, notamment au moment du grand schisme opposant Rome à Avignon.

Or, cette grande distribution de bénéfices ecclésiastiques à des clercs séculiers ne pouvait échapper longtemps au pouvoir royal. Le roi y voyait en effet un moyen de s'assurer la fidélité de ses vassaux. Ainsi, dès 1438, la Pragmatique Sanction de Bourges imposée par Charles VII donne-t-elle au roi un droit de regard sur toute nouvelle nomination d'abbé.

Réforme et Contre-Réforme

Spoliées du tiers de leurs revenus au profit de l'abbé commendataire, les abbayes vont rapidement péricliter. Les bâtiments ne sont plus entretenus, la discipline se relâche, le flot des vocations se tarit.

Cette déchéance tant spirituelle que matérielle encourage la propagation de la dissidence religieuse que constitue la Réforme. Luther n'est en effet qu'un moine augustin révolté par le trafic des indulgences, cette sorte de tribut imposé par Rome et perçu par les Dominicains en échange d'exemptions de purgatoire. Si la France n'adhère pas aux idées de Luther ou de Calvin, les guerres de Religion, terribles et féroces, n'en durent pas moins jusqu'à la fin du XVIe siècle. Et les premières victimes en sont les monastères.

L'Église, menacée par la révolte protestante, lance la Contre-Réforme. Le concile de Trente, réuni sous Pie IV (1559-1565), renouvelle la vie monastique, imposant un retour à la discipline primitive : respect des vœux, vie commune, rétablissement des chapitres et visites canoniques. On demande également aux monastères indépendants de se constituer en congrégations, organisées en provinces, sur le modèle de la *charta caritatis* de l'ordre de Cîteaux.

Le siècle des dévots

Le XVIIe siècle – qu'on a appelé le « siècle des dévots » – marque le retour à la paix religieuse, grâce à l'édit de Nantes (1598). En même temps qu'il provoque la multiplication des formes de la vie religieuse, il donne naissance à une multitude de confréries, la plus connue étant celle de Saint-Vincent-de-Paul (1616), qui secourt les pauvres, recueille les enfants abandonnés et assiste les malades.

C'est aussi l'époque de la réforme de Port-Royal, qui doit sa renommée au jansénisme, selon lequel Dieu n'accorde la grâce qu'à ceux qu'il a d'avance élus, les autres étant voués à la damnation. À l'origine de la réforme, on trouve la reprise en main de l'abbaye cistercienne de femmes de Port-Royal par une très jeune abbesse issue d'une grande famille parlementaire. L'abbaye de Port-Royal-des-Champs, dans la vallée de Chevreuse, devient alors vite célèbre. Pascal y séjourne, Racine y est élevé, de grandes figures y sont immortalisées par le peintre Philippe de Champaigne.

Mauristes et Trappistes

Le XVIIe siècle est ensuite marqué par la prédominance de la congrégation de Saint-Maur, créée en 1621, au début du règne de Louis XIII, et de son abbaye parisienne Saint-Germain-des-Prés. Le puissant mouvement de réforme entrepris par les Mauristes touche les abbayes bénédictines, les affranchissant enfin des méfaits de la commende. En 1648, une centaine d'abbayes sont affiliées à la congrégation, et plus du double à la fin du siècle.

La réforme mauriste est radicale : retour à l'ordre moral, assainissement des finances, reconstitution du patrimoine immobilier. Épaulés par l'un des plus grands architectes de son temps, Guillaume de La Tremblaye, architecte d'ordre, les Mauristes vont en effet reconstruire, et magnifiquement. Mais ils privilégient avant tout le travail intellectuel, à l'instar de dom Jean Mabillon (1632-1707), célèbre pour ses recherches sur l'ordre de saint Benoît, et de dom Bernard de Montfaucon (1655-1721), auteur d'un inventaire du patrimoine monastique.

Dans les bibliothèques qu'ils reconstituent, les moines lettrés s'attellent à « un travail de bénédictin », pour reprendre la formule populaire.

L'ordre de Cîteaux va lui aussi connaître une réforme radicale, sous l'impulsion d'Armand Le Bouthillier de Rancé (1626-1700). Tonsuré à dix ans et doté de nombreux bénéfices, cet homme commence par mener une vie mondaine ; mais à la mort d'une de ses maîtresses, qu'il fallut amputer pour la faire entrer dans un cercueil trop court, il se convertit, abandonne ses richesses et, âgé de quarante ans, se retire à l'abbaye de la Trappe, dans le Perche, dont il est l'abbé commendataire. À l'érudition et à la richesse des Bénédictins il oppose le dénuement et l'austérité. En 1664 il fonde l'ordre des Cisterciens de la stricte observance, surnommés Trappistes, dont les seules activités autorisées sont la prière, la liturgie et le travail manuel. Pourtant, le formidable essor spirituel de l'époque qu'on a baptisée « âge d'or de la vie monastique » prend fin au XVIIIe siècle. L'esprit laïque des Lumières pénètre dans les cloîtres, au point qu'à la veille de la Révolution, discrédités par les Encyclopédistes, les ordres monastiques sont au plus bas : manque d'effectifs et surtout manque de ferveur.

Le constat qu'on peut dresser en 1789 est affligeant. La France compte alors 122 000 ecclésiastiques, dont 95 000 vivent de bénéfices. Les 27 000 autres, parmi lesquels on ne compte que 200 novices, vivent dans la paresse et la décadence, à l'intérieur d'abbayes quasiment vides. En novembre 1789, l'évêque Talleyrand fait voter la nationalisation des biens ecclésiastiques ; un décret les attribuera aux communes. Et, en février 1792, l'Assemblée législative décrète la fermeture de toutes les maisons religieuses.

Des milliers d'abbayes vides

Que faire alors de ces milliers de bâtiments conventuels vides ? En ville, ils se transforment en prisons, écoles, lycées napoléoniens, usines et manufactures. Mais à la campagne il est moins facile de les convertir. Ils sont alors souvent abandonnés à la cupidité des marchands de biens, qui les dépècent, les transformant en carrières de pierre. « Il y a deux choses dans un édifice, dira Victor Hugo (*Guerre aux démolisseurs*, 1825) : son usage et sa beauté. Son usage appartient aux propriétaires, sa beauté à tout le monde, c'est donc dépasser son droit que de le détruire. » Si Napoléon autorise les Trappistes à regagner Soligny pour avoir aidé son armée à traverser les Alpes, la plupart des grands ordres attendent 1830 et la monarchie de Juillet pour se reconstituer.

Les vêpres à Saint-Wrandrille.

Le retour des moines

La restauration de l'ordre bénédictin est l'œuvre de dom Guéranger (1805-1875), qui rachète en 1832 l'ancien prieuré de Solesmes, situé près de sa ville natale de Sablé-sur-Sarthe. Celui-ci sera élevé à la dignité d'abbaye par Grégoire XVI en 1835.

Plus tard, quelques moines basés à l'abbaye de La Pierre-qui-Vire, dans le Morvan, fondée en 1850 par le père Muard, vont redonner vie à la très ancienne abbaye de Saint-Benoît-sur-Loire. Il faudrait également citer dom Emmanuel Auché, qui, en 1884, reconstruit Le Mesnil-Saint-Loup, dans l'Aube, d'où partiront, en 1948, les reconstructeurs du Bec-Hellouin. Saint-Martin de Ligugé, Saint-Wandrille de Fontenelle, etc., connaissent des aventures semblables. Ce siècle qui a si mal commencé assiste ainsi à l'expansion universelle du monachisme bénédictin, en France comme dans le reste du monde. Pourtant ce nouvel essor va subir un coup d'arrêt brutal, en 1880 d'abord, lorsque Jules Ferry décrète l'expulsion des congrégations religieuses non autorisées, puis en 1905, quand le gouvernement Combes prononce la séparation de l'Église et de l'État. L'ensemble du patrimoine religieux passe alors sous la coupe de l'État et des communes. D'où un départ en masse des moines vers l'étranger, qui ne reviendront qu'après la Première Guerre mondiale.

À l'aube du troisième millénaire, un formidable travail de restauration a pris le relais de l'œuvre accomplie au XIXe siècle par Mérimée, Viollet-le-Duc et tant d'autres. Partout il a fallu restaurer ces grands havres de paix et de silence, dans le respect de ceux qui les ont élevés, en dépassant les frontières du temps pour unir ces énergies à celle des extracteurs, des porteurs, des tailleurs qui ont travaillé à monter ces pierres, et à l'habileté et à l'ardeur des maîtres d'œuvre, des maçons et des sculpteurs qui les ont embellies.

Si aujourd'hui le chœur roman ou gothique de certaines abbayes résonne encore du chant grégorien, qui ponctue les heures bénédictines, c'est à ces hommes qu'on le doit. Laïques ou clercs, ils furent les bâtisseurs de monastères, havres de beauté faits de solitude et de solidité, tendus vers l'image de Dieu.

« Qu'est-ce que Dieu ? disait saint Bernard. Il est longueur, largeur, hauteur, profondeur. » Mais qui parle d'édifices extérieurs ? Il n'y a qu'édification intérieure, qu'architecture révélée aux dimensions de la Jérusalem céleste, cité de Dieu et cité des moines.

Abbaye de Mortemer, antiphonaire.

LE-MONT-SAINT-MICHEL

NOTRE-DAME DU BEC-HELLOUIN

JUMIÈGES

SAINT-WANDRILLE

SAINT-ÉTIENNE ET LA TRINITÉ DE CAEN

SAINT-GEORGES-DE-BOSCHERVILLE

MORTEMER

BEAUPORT

LANDÉVENNEC

SOLESMES

L'ÉPAU

MAILLEZAIS

SAINT-SAVIN-SUR-GARTEMPE

SAINT-MARTIN DE LIGUGÉ

L'Ouest

« A furore Normanorum, liberare nos Domine. » *Délivrez-nous, Seigneur, de la fureur des Normands. Redoutables Vikings, ils sont partout, écumant par vagues successives les côtes nord et ouest de la France. De la Sambre à la Loire, leurs drakkars n'hésitent pas à remonter fleuves et rivières, pillant, incendiant, semant mort et désolation.*
À la fin du IX*e siècle, que reste-t-il des églises, des châteaux, des abbayes qui bordent les majestueux méandres de la Seine ? En ruine les grandes abbayes de Jumièges, Fécamp, Fontenelle, fondées par saint Wandrille, et tant d'autres monastères qui couvraient ces terres évangélisées depuis le* III*e siècle.*
Dès la première alerte, à la vue du premier drakkar, il fallait fuir, tout abandonner, ne sauver que l'essentiel, les précieuses reliques, pour trouver refuge toujours plus à l'est vers Rouen, pillé par les Northmen en 841, vers Paris, saccagé par Siegfried en 885, vers la Bourgogne, livrée aux Normands par Charles le Gros, devenu Charles « le Lâche ».
Après le traité de Saint-Clair-sur-Epte, en 911, Rollon et ses successeurs vont reconstruire, magnifiquement, ce qu'ils ont détruit. Le X*e siècle laisse en témoignage deux abbayes, l'une au nord, l'église abbatiale Saint-Pierre de Jumièges, l'autre à l'ouest, Notre-Dame-sous-Terre du Mont-Saint-Michel.*
Cet extraordinaire élan, conduit par tant d'abbés bâtisseurs, a donné l'école de Normandie, que l'on retrouve en Angleterre et également en Bretagne, à Beauport, jusqu'à l'abbaye bénédictine de Maillezais, dans le Marais poitevin. Splendide architecture romane, caractérisée par la pureté des lignes, l'harmonie des proportions et surtout l'ampleur des dimensions. Aux voûtes en berceau trop lourdes on préfère la toiture de charpente pour la nef et la voûte d'arêtes pour les bas-côtés. À la place du plan à chevet circulaire, entouré de chapelles rayonnantes, les Normands imposent le chevet plat à déambulatoire.
Ils réussissent à bâtir, en quatre générations, un État fortement centralisé avec l'appui fondamental de l'Église. Il atteint son apogée au XI*e siècle, lorsque Guillaume, duc de Normandie, s'embarque à la conquête de l'Angleterre. Trois abbés du Bec-Hellouin devaient alors occuper le siège primatial de Cantorbéry.*

Le Mont-Saint-Michel est un îlot de granit de 78 m de haut. L'abbaye est dominée par la flèche et la statue dorée de l'archange saint Michel, datant du XIXe s.

LE MONT-SAINT-MICHEL

Le navire abbaye

Gommez son caractère de citadelle souvent assiégée mais jamais prise. Faites abstraction du grand bazar de la rue centrale : maisons et poternes trop restaurées, tavernes, bimbeloterie et autres boutiques de pacotilles. Passez les lieux communs. Oubliez le temps et l'emphase des guides pour ne voir que le sanctuaire, l'abbaye, la merveille des merveilles, posée là sur son roc de granit en cette zone incertaine où grève et mer se confondent jusqu'à se fondre à l'horizon. Oui, vous êtes bien au Mont-Saint-Michel, l'une

des abbayes les plus célèbres de la chrétienté, qui jouit du plus extraordinaire des sites : un piton rocheux perdu au milieu des sables d'une vaste baie.

Le mont des trépassés

À l'origine, vers l'an 700, ne se dressait là qu'un simple oratoire, tel celui qu'on peut encore voir à 3 kilomètres de là, sur le rocher jumeau de Tombelaine, aujourd'hui réserve ornithologique. Le lieu, dont la tradition voulait qu'il fût le refuge des trépassés, était appelé Mont-Tombe. C'était un îlot de granit étrangement isolé qui s'élevait au-dessus d'une plaine recouverte par l'épaisse forêt de Scissy. Avec le

Au pied du rocher côté nord, la chapelle Saint-Aubert.

Page suivante, deux fois par jour la marée envahit la baie.

temps, la mer finit par avoir raison de celle-ci : peu à peu la terre s'affaissa, et ce bout de rocher se retrouva perdu au centre d'une immense baie – phénomène géologique fidèlement rapporté par la légende contant les invasions normandes. En 708, l'archange saint Michel serait apparu trois fois de suite à Aubert, évêque d'Avranches, lui demandant de construire un oratoire. Des émissaires sont alors envoyés au sanctuaire italien de l'archange, le Mont-Gargano, pour en rapporter des reliques. À leur retour, les forêts qui ceinturaient le mont ont disparu et la mer cerne le rocher de toutes parts. Un village s'y est installé, l'îlot étant devenu un abri sûr contre les raids vikings. Le temps passe, les frontières se figent : Le Mont-Saint-Michel marque à l'ouest celle du duché de Normandie. En 966, Richard Ier, troisième duc de Normandie, pour étendre son influence, commandite la fondation d'une abbaye et fait venir douze moines bénédictins de Saint-Wandrille.

L'un des plus grands lieux de pèlerinage de l'Occident

Ces douze hommes vont bâtir l'église préromane à double nef, Notre-Dame-sous-Terre, qui au XIe siècle sera remplacée par une abbatiale assez spatieuse pour accueillir l'importante communauté bénédictine et les nombreux pèlerins. La croisée du transept, située au centre du rocher, et les premières travées de la nef sont de pur style roman. En contraste, le chœur et les bras du transept représentent ce qu'il y a de plus beau dans

L'église abbatiale construite au centre du rocher est la partie la plus ancienne. Ci-dessous, le promenoir des moines, l'un des premiers exemples de plan à deux nefs voûtées sur croisées d'ogives (1103).

Bas-relief de la clôture du chœur XVIe s. conservant des traces de polychromie.

le style gothique flamboyant. L'ensemble s'élève au-dessus des cryptes de Saint-Martin et des Trente-Cierges. L'abbaye devient alors un des grands lieux de pèlerinage de l'Occident.
Grâce aux généreuses donations de Guillaume le Conquérant, trois étages de bâtiments conventuels sont élevés au nord de la nef. Au XIIe siècle, époque du royaume anglo-normand, le monastère connaît son apogée.
De 1154 à 1186, Robert de Torigny est élu abbé du Mont-Saint-Michel. Cet ami d'Henri II Plantagenêt, à la fois historien et diplomate, sera le grand abbé bâtisseur. C'est sous son abbatiat que s'achèvent les dernières constructions romanes, incroyable imbrication de bâtiments tant verticaux qu'horizontaux. L'abbaye lui doit aussi son immense rayonnement dans le monde anglo-normand. Le scriptorium des moines, écrit dans le style si particulier de l'école anglo-saxonne – lettres ornées et miniatures en pleine page –, est célèbre dans toute la chrétienté. Il est aujourd'hui conservé à la bibliothèque municipale d'Avranches.

La merveille des merveilles

À l'avènement de Philippe Auguste, rien ne semble plus s'opposer à la rapide et spectaculaire montée en puissance des Capétiens, face notamment aux Plantagenêts. Le roi de France s'empare successivement de la Normandie, du Maine et de l'Anjou, ne laissant à Jean sans Terre que le Bordelais, le Béarn et le Comminges.
Ce début de XIIIe siècle sous domination française signifie ruine pour Le Mont-Saint-Michel : les incendies de 1203 n'épargnent que les bâtiments conventuels, la crypte d'Aquilon, l'infirmerie et le dortoir. Mais ce malheur sera compensé par les libéralités du vainqueur, puisque Philippe Auguste, désireux de s'appuyer sur la redoutable puissance des moines bénédictins, entreprend la reconstruction et la fortification de l'abbaye.
On assiste alors à un spectacle hallucinant : sur la face nord du mont, les bâtiments s'accrochent les uns après les autres à la pente incertaine du rocher et s'agencent en étages, soutenus par de gigantesques contreforts : de la crypte abritant l'aumônerie, on monte à la salle des Hôtes et à celle des Chevaliers, au réfectoire et enfin, au tout dernier étage, comme suspendu entre ciel et terre, au cloître. Une splendeur ! C'est ce qu'on appellera la Merveille... À la même époque, le village situé au pied de l'abbaye se voit protéger par une enceinte, sérieusement renforcée à l'approche de la guerre de Cent Ans par un châtelet.

L'abbaye prison

Transformé en place forte, le Mont-Saint-Michel résiste aux Anglais. Il a pour protecteur l'archange saint Michel, qui sera aussi celui de Jeanne d'Arc et du royaume de France. L'ordre de Saint-Michel y est créé en 1469.
De place militaire l'abbaye devient bientôt prison, par la volonté de Louis XI, roi dévot et superstitieux, dont Le Mont est un de des lieux de pèlerinage favoris. Une fois l'unité

À l'angle nord de la salle des Chevaliers, le Chartrier, lieu de conservation des chartes.

Les marchandises étaient hissées grâce à cette roue par la grande ouverture du mur nord du cellier.

L'église abbatiale repose sur trois cryptes dont la plus impressionnante est celle des Gros-Piliers, servant de soutènement au chœur. Les piliers en granit provenant des îles Chausey ont 5 m de tour.

territoriale retrouvée, ce roi, que l'historien Philippe de Commynes décrit comme une « universelle aragne » (araignée), choisit en effet d'y enfermer les opposants à sa politique dès 1472 – doute-t-il encore de la sécurité des lieux pour y faire installer ses fameuses cages de fer ? La sinistre tradition qui consiste à y enfermer les victimes des lettres de cachet sous la bonne garde des moines se maintiendra jusqu'au XVIIIe siècle, et même au-delà. La réputation de l'abbaye est telle que la Révolution, qui chasse les derniers moines, rebaptise le lieu Mont-Libre... pour y emprisonner aussitôt quelques centaines de prêtres réfractaires.
En 1810, Le Mont-Saint-Michel passe sous administration pénitentiaire : il se transforme en centrale, pouvant recevoir jusqu'à cinq cents

Ci-dessus, le cloître achevé en 1228. Il donne une impression extraordinaire de légèreté apportée par les quelque 227 colonnes disposées en quinconce, la plupart en granit rose poli. Remarquez les écoinçons des arcs à motifs végétaux typiques de l'art gothique normand. Le jardin central a été planté lors de la seconde restauration, en 1966.

Ci-contre, sous le cloître, la salle des Chevaliers, bien éclairée, bien chauffée, n'est autre que le scriptorium de l'abbaye. On lui attribue en 1467 le cadre des premières assises de l'ordre des Chevaliers de Saint-Michel, créé par Louis XI.

détenus. Les révolutions de 1830 et 1848 y amènent leurs lots de prisonniers politiques, parmi lesquels Barbès et Blanqui.
Enfin, en 1863, face à la virulente campagne menée par Victor Hugo contre l'abbaye prison, Napoléon III décide par décret de supprimer l'établissement et de classer Le Mont-Saint-Michel monument historique.

Digue ou pas digue ?

Cette décision va provoquer la première déferlante touristique. Tout le Second Empire s'y rend, à pied, ou en carrioles, appelées maringottes. On y mange mal, à en croire Victor Hugo : la mère Poulard et sa fameuse omelette ne sont pas encore arrivées... Entre 1859 et 1861, Charles Morny, qui venait de fonder la station balnéaire de Deauville, achète 4 500 hectares en vue de colmater la baie. S'ensuit un débat houleux opposant adversaires et partisans de l'insularité du Mont. Parmi ces derniers, Victor Hugo, qui n'hésite pas alors à comparer Le Mont-Saint-Michel à la grande pyramide d'Égypte. En 1870, l'État tranche : il jette les bases d'une digue insubmersible, qui ne sera ouverte qu'en 1911.

De plain-pied avec le cloître, le refectoire est à la dimension d'une église. Il est couvert d'un vaste berceau en bois. Son éclairage vient de 59 fenêtres. Sur le chœur de droite se trouve la chaise en pierre du lecteur, dont la voix portait grâce à l'acoustique exceptionnelle de la salle.

Le retour des moines

Parallèlement, de gigantesques travaux de restauration sont entrepris, qui vont durer jusqu'à nos jours : construction du clocher, érection de la célèbre flèche, dégagement de l'église préromane et aménagement d'un jardin dans le cloître. Tout sera prêt pour accueillir le retour des moines, dans le cadre des commémorations du millénaire. Depuis 1966 vit donc au Mont une petite communauté de Bénédictins venus de Saint-Wandrille et du Bec-Hellouïn, conduite un temps par le père Romuald, artisan passionné de ce renouveau de la vie monastique.
S'il est vrai que les visiteurs ont désormais remplacé les pèlerins, la messe quotidienne en l'église abbatiale leur est ouverte. La tradition d'hospitalité des Bénédictins n'est pas non plus perdue, puisque la communauté peut accueillir quelques hôtes. Derrière des murs plus que millénaires, si proches de la cohorte des touristes et pourtant si loin du monde, quelques hommes et femmes vivent encore selon la règle de saint Benoît, édictée au VIe siècle : *ora et labora*, prie et travaille. Long voyage des hommes de Dieu, dans le silence retrouvé d'une des plus belles abbayes du monde.

Accès

À 9 km au nord de Pontorson.

Visites

Du 15/05 au 15/09 : 9h30 à 18h
Du 16/09 au 11/11 et du 15/02 au 14/05 : 9h30 à 11h45 et 13h45 à 17h
Du 12/11 au 14/02 : 9h30 à 11h45 et 13h45 à 16h15
Fermé les 01/01, 01/05, 11/11 et 25/12.

Tél. 33 60 14 14

À ne pas manquer

- La Merveille,
- le cloître,
- l'église,
- le réfectoire,
- la salle des hôtes,
- la salle des chevaliers,
- la crypte des gros piliers.

Concerts

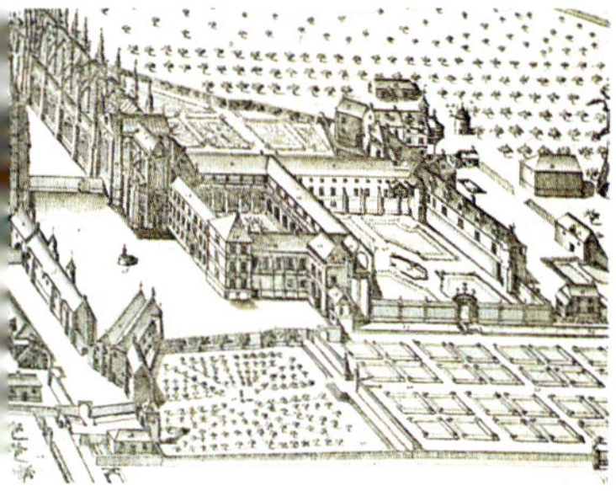

Vue générale de l'abbaye en 1677 (gravure du Monasticum Gallicanum).

Vue de l'abbaye du haut de la tour Saint-Nicolas.

Notre-Dame du Bec-Hellouin

Des abbés primats d'Angleterre

Lorsqu'en 1948 dom Paul Grammont prend possession du monastère d'Herluin, que reste-t-il, dans ce verdoyant vallon normand, du nid cher à Lanfranc, sinon un affligeant paysage de désolation ? Des bâtiments conventuels à la pure architecture Régence ne subsistent qu'immenses écuries ouvertes à tout vent et toitures percées. Par bonheur, l'imposante tour Saint-Nicolas a échappé aux démolisseurs de 1809. Privée de sa flèche et de son église abbatiale, elle semble davantage encore ancrer Le Bec à son histoire et à sa terre normande. Au pied de la tour, une plaque commémore les liens ayant uni l'abbaye à l'Église d'Angleterre.
Aux XIe et XIIe siècles, trois des fils du Bec ont occupé le siège primatial de Cantorbéry, trois autres sont devenus évêques de Rochester. En effet, leur histoire se lit comme une étonnante chanson de geste.

Herluin le fondateur

Herluin naît en 995 à Brionne, d'un père descendant des Danois et d'Héloïse, membre de la famille des ducs de Flandre. Il vit ses années de jeunesse en chevalier engagé au service de son suzerain, le comte Gilbert de Brionne. Saura-t-on

jamais pourquoi ce chevalier engagé au service du comte Gilbert de Brionne décide, à l'âge de trente-sept ans, d'abandonner honneurs et mondanités pour se retirer à Bonneville, près d'une modeste chapelle dédiée à Notre-Dame ? Cheveux longs et barbe inculte, on le voit alors porter sur l'épaule le grain de la semaille et conduire ses moines au labourage après l'office. Bientôt la communauté se déplace à l'entrée de la vallée, près d'un ruisseau (*bec* en scandinave) et y construit une église. Mais peu après, elle remonte la vallée pour édifier sur un terrain moins humide des bâtiments claustraux plus vastes, capables d'accueillir les nombreux postulants qui se pressent aux portes de l'abbaye.

La cour d'honneur ou cour de France bordée par le ruisseau du Bec. Les façades, de style Régence (XVIIIe s.), sont mises en valeur par la restauration des parterres et des jardins.

Lanfranc l'universitaire diplomate

L'arrivée de Lanfranc est des plus rocambolesques. Ce brillant universitaire originaire de Pavie enseignait au départ à Avranches. En traversant la Risle, il est un jour attaqué par des brigands, qui le détroussent et l'abandonnent attaché à un arbre. Il fait alors vœu de se consacrer à Dieu. Au matin, il est délivré par des passants, qui le conduisent au Bec-Hellouin. Il y ouvrira en 1045 l'une des plus prestigieuses écoles claustrales du monde médiéval. Sa grande influence lui vaut de devenir le principal conseiller de Guillaume le Conquérant, au moment où celui-ci se débat dans sa malencontreuse affaire de mariage sans dispense avec sa cousine Mathilde. Habile diplomate, Lanfranc s'efforce de faire valider le mariage, à charge pour Guillaume, à titre de pénitence, de construire deux abbayes.

Son éloquence, son savoir, son habileté à traiter les affaires sont tels qu'en 1067 le peuple de Rouen le réclame comme archevêque.

Il refuse. Mais en 1070, Guillaume, devenu roi d'Angleterre, le contraint à accepter la charge d'archevêque de Cantorbéry.

Anselme l'intellectuel

Anselme, italien comme Lanfranc, arrive au Bec après une brouille avec son père. Là il se joint aux nombreux étudiants laïques. Lanfranc, qui n'a pas tardé à repérer sa prodigieuse force intellectuelle, le propose comme successeur à son départ pour Saint-Étienne de Caen. Le tout jeune prieur s'impose alors rapidement par son ascendant et sa grande droiture morale.

À la mort de Lanfranc, les moines et les laïques d'Angleterre le choisissent comme archevêque de Cantorbéry. Les moines du Bec s'y opposent violemment. Ils ne se laisseront convaincre que

La tour Saint-Nicolas, du XVe s., est en fait une tour-beffroi. Elle était reliée à l'église abbatiale par une galerie. Elle est aujourd'hui privée de sa flèche. Construite par Geoffroy d'Épaignes, elle est ornée des statues de sainte Marie, saint Nicolas, saint Michel et saint Jean.

par les menaces de Guillaume II le Roux, qui prétend détruire l'abbaye en cas de refus. Pourtant, en 1097, Anselme entre en conflit ouvert avec le monarque anglais et prend une première fois la route de l'exil. Rentré en Angleterre en 1100 à la mort du roi, il en repart en 1103, suite à de graves difficultés avec Henri Ier.
Exil hautement diplomatique cette fois, puisqu'il s'en va à Rome négocier avec le pape Pascal II la question des investitures, qui, à cette époque, envenime les rapports entre l'Église et les souverains temporels.
En 1106, malade, il rentre au Bec, où il trouve encore la force de recevoir le roi d'Angleterre afin de régler les derniers litiges. Puis, accompagné de Boson, son disciple préféré, il repart en Angleterre où, dans la paix retrouvée, il gouverne l'Église de Cantorbéry jusqu'à sa mort en 1109.

... ET LES AUTRES GRANDS ABBÉS

Plusieurs grands abbés maintiennent encore longtemps le souffle des fondateurs : Guillaume de Beaumont (1094), Boson (1124), Roger de Bailleul (1143), qui a laissé au Bec la trace de son immense talent de bâtisseur.
Mais c'est sous l'abbatiat de Jean des Granges, au XIVe siècle, que l'abbatiale, bien des fois reconstruite, connaît sa période de splendeur. Certains abbés eurent à rétablir la discipline monastique : « Que les moines prieurs sachent avant tout qu'ils sont des moines et non des seigneurs », dut affirmer l'un d'eux haut et fort.
Les 24 et 25 mars 1256, Saint Louis passa au Bec le temps d'un office et d'une collation dans le réfectoire des moines. Parce qu'elle forme une enclave française sur les terres de Charles le Mauvais, allié des Anglais, l'abbaye subit de plein fouet la guerre de Cent Ans. En 1418, le monastère, fortifié, est assiégé et pillé par le grand sénéchal d'Angleterre.
Lorsque la guerre de Cent Ans s'achève sous l'abbatiat de Jean de La Motte (1449), tout est à reconstruire. Tâche immense confiée à Geoffroy d'Épaignes, élu abbé en 1452, à qui l'on doit l'édification de la célèbre tour Saint-Nicolas.

DÉCLIN ET RENOUVEAU

Avec le concordat conclu par Léon X et François Ier, entrent en scène les abbés commendataires imposés par le roi. Pour mettre bon ordre

En entrant dans l'église par le fond (l'ancien réfectoire des Mauristes) vous découvrirez quatre statues du XVe s. : les docteurs de l'Église, saint Grégoire, saint Jérôme, saint Augustin et ici saint Ambroise.

Ci-contre, dans l'église également, très belle vierge du XIVe s. en pierre, qui porte des traces de polychromie. Elle ornait l'abside de l'abbatiale détruite après la Révolution.

à la révolte qui gronde, le premier d'entre eux, Adrien Gouffier, improvisé cardinal en 1515, se fait précéder par la troupe…

Pour son successeur Jacques d'Annebaut, confident de François Ier, Le Bec n'est qu'une commende parmi tant d'autres. Et comme si cela ne suffisait pas, il reçoit coup sur coup des mains du pape Paul III le sacerdoce, la consécration épiscopale et les insignes du cardinalat !

Les guerres de Religion ajoutent leur part de ravages : en 1563, les troupes de la Réforme, guidées par l'amiral de Coligny, saccagent l'abbaye et massacrent les moines. Et la fin du XVIe siècle voit s'accumuler les ruines morales et matérielles. Faute de fonds, la nef, qui s'est effondrée, doit être rasée.

Pourtant, le renouveau s'amorce avec l'introduction, en 1627, de la congrégation de Saint-Maur, qui restaure la discipline monastique. La première pierre du cloître est posée en 1637, et l'administration assainie. En 1669, l'abbaye accueille un jeune religieux de vingt-cinq ans, Guillaume de La Tremblaye, dont l'immense talent de sculpteur va métamorphoser Le Bec. Le logis abbatial est terminé en 1735, le réfectoire long de 75 mètres (l'abbatiale actuelle) et les nouveaux dortoirs en 1740, l'infirmerie en 1747. Pourtant, après le jansénisme, le philosophisme vient grangréner l'abbaye : quand les révolutionnaires d'octobre 1790 ouvriront les portes du Bec, ils ne seront que huit à exprimer le désir d'y finir leur vie.

La rafle révolutionnaire

En février 1793, tout est vendu : meubles sculptés, tapisseries, étoffes, faïences armoriées. On se sert dans les deux cents manuscrits et cinq mille imprimés de la bibliothèque. Quant au chartrier, il part en fumée le 9 janvier 1793 sur la place du marché du Bec où est planté l'arbre de la Liberté, aux cris de : « Vive la République ! Vive la Convention nationale ! Vive la Montagne ! »

Transformé en dépôt d'étalons

Postérieure à la Révolution, la destruction de l'église abbatiale est due à un rapport du sous-préfet de Bernay, qui en 1809 déclare l'édifice insalubre. Cette magnifique église, dont il ne reste aujourd'hui que quelques colonnes brisées posées sur le sol pour marquer l'ampleur du bâtiment, deviendra un chantier de démolition, et cela jusqu'en 1824 (12 tonnes de plomb y seront récupérées). Mais les efforts de destruction ne s'arrêtent pas là, puisque la salle capitulaire et la sacristie attenante sont également démolies, pour « procurer du travail à la classe ouvrière indigente », précise le rapport du préfet. Les bâtiments conventuels, eux, feront office, jusqu'en 1802, de dépôt de remonte, que Napoléon Ier offrira en apanage à la 14e cohorte de la Légion d'honneur. En 1806 l'abbaye se transforme en dépôt d'étalons, puis en 1833 en dépôt de remonte. En 1948, l'État, propriétaire des bâtiments, confie le soin de la restauration à une communauté bénédictine de la congrégation de Mont-Olivet, sous la conduite de dom Paul Grammont.

En 1959 le corps d'Herluin est ramené au cœur de la nouvelle église abbatiale, lors du congrès anselmien célébrant le neuvième centenaire de l'arrivée d'Anselme au Bec. En 1985, dom Grammont, âgé de soixante-quinze ans, remet sa charge abbatiale. Il s'éteint le 30 juillet 1989. Son corps repose dans l'église abbatiale, près de celui d'Herluin, le père fondateur.

Le réfectoire des moines. Contrairement aux laïcs, les repas ne sont pas pour les moines l'occasion de converser et de partager les plaisirs de la table, mais plutôt un moment privilégié pour s'imprégner de l'esprit divin à la lecture des textes sacrés.

Accès
À 48 km au nord-est d'Évreux.

Visites
Tous les jours de 9h à 18h.

Tél. 32 44 86 09

À ne pas manquer
– La nouvelle abbatiale,
– le cloître,
– la tour Saint-Nicolas.

Concerts
Céramiques

Jumièges

Les plus belles ruines de France

Des ruines ! Mais si parfaites, si admirablement conservées qu'on croirait Jumièges inachevée. Voyez ces deux tours blanches qui font jaillir la pierre sur fond de verdure : ne leur manquerait-il que clochers et flèches ? Et cette nef béante qui en guise de voûte s'offre des ciels à la Eugène Boudin... Et la tour-lanterne à un seul pan, serait-elle tout entière dans cette mince tourelle en poivrière ? Oui, assurément, il s'agit bien là des plus belles ruines de France – les ruines de ce qui fut le modèle architectural du monachisme normand. Des bâtiments conventuels il ne reste que le grand cellier, la salle capitulaire et la porterie. Et des trois églises qui firent la gloire de l'abbaye aux Xe et XIe siècles seules subsistent les premières travées de Saint-Pierre, l'église préromane, et surtout la grandiose église Notre-Dame, aux dimensions de cathédrale. Regardez-la bien : elle fut en son temps l'une des plus belles églises carolingiennes. On la devine encore aux deux tours octogonales de l'immense façade et à la nef miraculeusement indemne. Par sa prestance et ses dimensions, elle se classe parmi les chefs-d'œuvre de l'art normand. En 1067, les tours annonçaient déjà, par leur taille (46 mètres) et leurs superbes proportions, ce que serait la silhouette de la plupart des églises d'Occident.

Les énervés de Jumièges

C'est une légende du XIe siècle qui fait entrer Jumièges dans l'histoire. Clovis, deuxième roi de ce nom, avait deux fils. L'aîné, chargé par lui de s'occuper du royaume pendant son voyage en Terre sainte, ne le voyant pas rentrer, se rebelle contre sa mère, la reine Bathilde, entraînant le

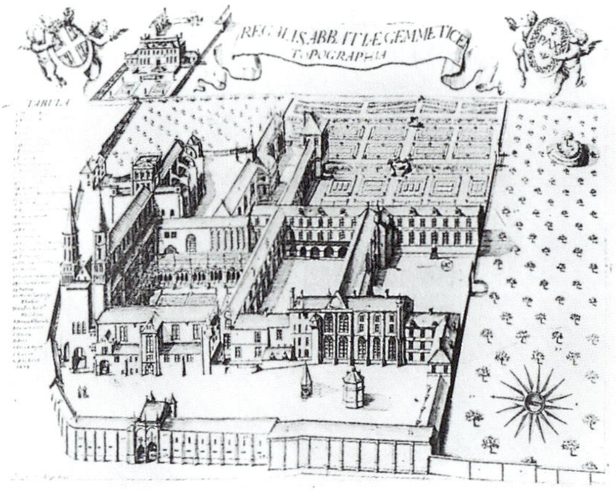

Gravure du XVIIe s. montrant une vue cavalière. Ci-contre, les ruines magnifiquement situées dans une boucle de la Seine.

Le logis abbatial, avec son toit à la Mansart, a été bâti à l'époque des Mauristes par deux grands abbés, les deux François de Harley, entre 1665 et 1671. Il abrite le musée lapidaire avec le tombeau des Énervés et celui d'Agnès Sorel, la dame de beauté, maîtresse de Charles VII.

Page ci-contre, admirable carcasse de pierre dont le dépouillement, la grandeur et l'harmonie font entr'apercevoir ce qu'était cette abbatiale édifiée à partir de 1040. Façade à deux tours octogonales hautes de 43 m décorées d'arcades et dont les flèches furent abattues vers 1830. Du haut de ses 27 m, la nef, privée de sa charpente romane, est intacte ainsi qu'une partie du transept et du chœur gothique.

cadet dans la révolte. À son retour, Clovis fait châtier les coupables. La reine implore leur grâce et obtient qu'ils ne soient qu'affaiblis. On fait alors cuire les nerfs de leurs jarrets, puis on confie leur destin à Dieu : placés dans une barque qu'on laisse dériver sur la Seine, ils vont s'échouer à Jumièges, où le moine Philibert les recueille et où ils finissent leurs jours dans la pénitence et la prière.
Mais la réalité historique est tout autre, puisque Clovis II, monté sur le trône en 639 ne peut avoir eu deux fils de cet âge, lui-même étant mort à vingt et un ans. En revanche, il acheta bien Bathilde, que des pirates avaient enlevée à sa famille anglaise, pour en faire la reine de France.

En lieu et place d'un ancien camp romain

Il est vrai aussi que c'est Philibert, ami de saint Wandrille, qui fonda Jumièges en 654, à la demande de saint Ouen, évêque de Rouen. Il choisit l'emplacement d'un ancien camp romain, au cœur d'une immense forêt domaniale offerte à Philibert par Clovis II. L'abbaye, placée sous la règle de saint Benoît, connaît alors un développement rapide ; on y comptera jusqu'à 1 000 moines et plus de 1 400 frères convers. Très tôt elle se consacre à la charité (Jumièges l'Aumônier, l'appelait-on). Mais elle est la proie des premiers raids vikings : d'abord rançonnée, elle est ensuite pillée et incendiée lors des différentes expéditions sur Rouen de 841 et de 844. Il faut attendre le traité de Saint-Clair-sur-Epte (911) pour que deux ermites, Beaudouin et Gaudouin, se réinstallent dans des huttes sur les ruines de l'ancien sanctuaire.

Détail de la porterie. Sculpture sur cul-de-lampe.

En 928, Guillaume Longue-Épée, deuxième duc de Normandie, qui chassait par là, les découvre. Touché par la sainteté de ces deux hommes, il décide de relever les bâtiments. Mais la prospérité retrouvée entraîne bientôt un relâchement de la discipline. Au début du XIe siècle, le duc Richard II doit faire appel à Guillaume de Volpiano, abbé de Saint-Bénigne de Dijon, dont l'influence se révélera capitale dans toute la Normandie bénédictine. Son disciple Thierry, prieur de Fécamp, gardien de Bernay et abbé du Mont-Saint-Michel et de Jumièges, entreprend de faire construire une église dans chacune de ces trois abbayes. Jumièges lui doit l'édification de Notre-Dame, qui sera achevée par l'abbé Robert II Champart, futur archevêque de Cantorbéry. L'église est consacrée en 1067, en présence de Guillaume le Conquérant, venu d'Angleterre avec sa cour.
L'influence de Jumièges est alors très importante des deux côtés de la Manche. N'est-elle pas considérée comme le cœur de l'école architecturale de Normandie ? Et ne possède-t-elle pas, de surcroît, une école de copistes très réputée ? Tout au long des XIIe, XIIIe et XIVe siècles, l'abbaye continue à s'enrichir de splendides édifices. Malheureusement, la guerre de Cent Ans mettra fin à ce développement. En 1449, c'est à Jumièges qu'Agnès Sorel rejoindra Charles VII, alors qu'il entreprend la reconquête de la Normandie et assiège Harfleur.

Le plomb de la flèche, la pierre des édifices

Jumièges passe, à la fin du XVe siècle, comme beaucoup d'abbayes, sous le régime de la commende. Si certains abbés contribuent à l'enrichir, d'autres sont mus par l'appât du gain, tel l'abbé Gabriel le Veneur, qui n'hésite pas à découronner la tour-lanterne pour récupérer le plomb de la flèche.
Au XVIIe siècle, la congrégation de Saint-Maur prend en charge la renaissance de Jumièges. En 1740, l'abbaye, fidèle à sa tradition, vient encore en aide aux victimes de la famine, mais cinquante ans plus tard, lorsque les révolutionnaires frappent à ses portes, elle n'abrite plus que seize misérables moines.
En 1793, Jumièges est vendue comme bien national et, en 1804, un certain Lefort s'en porte acquéreur. Il fait sauter à la mine le chœur, le transept et la tour-lanterne, et démonter pierre par pierre les bâtiments les plus beaux. Le somptueux mobilier est vendu et dispersé. En 1854 pourtant, la famille des Lepel-Cointet achète les ruines, sauvant ainsi l'abbaye d'une destruction totale.
Au début du XXe siècle, Jumièges intéresse enfin historiens et archéologues – le grand écrivain Roger Martin du Gard en fait l'objet de sa thèse. Mais ce n'est qu'en 1947 qu'elle devient propriété de l'État, dont la manne permet alors de préserver les plus belles ruines de France.

Équilibre surprenant de la tour-lanterne, qui ne possède plus qu'un seul pan, haute de 42 m et soutenue par un arc d'entrée impressionnant.

Bas-côté gauche de l'église, avec une surprenante alternance de piles carrées et de piles rondes.

Accès

À 45 km à l'ouest de Rouen.

Visites

Du 16/06 au 14/09 : 9h à 19h.
Le reste de l'année : 10h à 12h30 et 14h à 16h30 (17h30 le week-end).
Fermé le 01/01, 01/05, 01 et 11/11 et 25/12.

Tél. 35 37 24 02

À ne pas manquer

- L'église Notre-Dame,
- l'église Saint-Pierre,
- le cloître,
- le logis abbatial.

Ci-dessus, le parfait agencement de l'abbaye, qui a su garder une unité en accord avec la vie monastique.

Les ateliers construits au XIIIe s.

Saint-Wandrille

La vallée des Saints

Quelle abbaye peut prétendre à une meilleure connaissance de son histoire que celle de Saint-Wandrille ? Plus de mille trois cents ans de vie monastique y sont retranscrits. D'illustres abbés s'y succèdent : Eginhard, secrétaire et historiographe de Charlemagne ; Ansegise, responsable du premier recueil des ordonnances capitulaires... Aujourd'hui encore, Saint-Wandrille est l'une des seules abbayes de la chrétienté à fêter tous les saints du monastère, au nombre de trente environ.

« La geste des abbés de Fontenelle »

Cette toute première histoire d'un monastère d'Occident, transcrite dès 831, relate fidèlement la fondation de l'abbaye. Wandrille envisage de se marier. Pourtant, les époux décident de consacrer leur vie à Dieu. Ainsi le brillant courtisan troque-t-il la ceinture d'or du palatin contre la bure de l'ermite.

Il rejoint saint Colomban, qui l'initie au monachisme irlandais. Puis, à l'instigation du futur saint Ouen, évêque de Rouen, qui l'ordonne prêtre, il fonde une abbaye à Fontenelle. L'endroit choisi, situé non loin de la Seine, est couvert de marécages et de forêts. Il faut défricher, planter la vigne, construire de solides édifices.

Wandrille a le physique d'un bâtisseur ; ne le surnomme-t-on pas « l'athlète de Dieu » ? La première basilique est consacrée à saint Pierre. Très vite, ce petit vallon de Fontenelle voit naître une multitude de saints, qui semblent « fleurir comme rosiers en serre », au point que les habitants surnomment l'endroit la vallée des Saints. L'année 841 marque le début des épreuves. L'abbaye est plusieurs fois rançonnée par les Vikings. Un seul salut pour les moines : la fuite. Emportant les précieuses reliques de saint Wandrille, ils se réfugient à l'abbaye du Mont-Blandin, en Belgique, où ils les déposent. Elles y resteront jusqu'en 1969. Au Xe siècle, l'église Saint-Pierre, sera reconstruite sous la protection des ducs de Normandie, mais ne sera jamais terminée. Très prospère durant tout le Moyen Âge, l'abbaye est plusieurs fois détruite par le feu mais à chaque fois réédifiée.

Au XVIe siècle, Saint-Wandrille, comme l'ensemble des abbayes normandes, passe sous l'administration des abbés commendataires, et dès lors ne dispose plus que du tiers de ses revenus. Les guerres de Religion dévastent une partie des bâtiments, dont l'état s'aggrave avec la chute de la lanterne et du clocher en 1631. À cette époque, la restauration de l'abbaye bouleverse l'architecture de Saint-Wandrille.
On voûte à nouveau le chœur de l'église Saint-Pierre, on reconstruit la salle capitulaire et le dortoir. Le cloître est restauré, avec ses quatre galeries, à la fois gothique et Renaissance, où l'on peut encore admirer un ravissant lavabo à six robinets. Au XVIIIe siècle viennent également s'ajouter des pavillons, ainsi que la fameuse porte de Jarente, imposant portail s'ouvrant sur la cour d'honneur.

Une filature et un théâtre improvisé

La période post-révolutionnaire transforme l'église Saint-Pierre en carrière de pierres et les splendides bâtiments conventuels en filature... Destruction, sans doute, mais aussi reconstruction puisque le marquis de Stackpoole rachète les lieux et les restaure. En 1894, on observe une timide renaissance de la vie monastique. Mais en 1901 les moines sont de nouveau chassés ; ils ne se réinstalleront qu'en 1931. Les visites sont fréquentes : Victor Hugo, la duchesse de Berry... Maurice Maeterlink, écrivain, transforme le grand réfectoire en théâtre improvisé. Depuis 1931, la communauté partage sa vie entre la prière et le travail, selon la règle de saint Benoît ; elle vit de négoce de produits d'entretien (la fameuse cire de Saint-Wandrille) et d'un atelier de microcopie.

Une église abbatiale transportée à dos de moine

En 1969, les moines choisirent une ancienne grange dîmière, située à 40 kilomètres de là, à La Neuville-du-Bosc. Pièce par pièce, ils démontèrent cette magnifique grange seigneuriale du XIIIe siècle pour la remonter à Saint-Wandrille. Elle est devenue l'église abbatiale. Pas de piliers de pierre, mais des fûts de chêne retournés ; pas de clé de voûte : tout est fixé par des chevilles en bois. La chapelle du Saint-Sacrement, qui jouxte l'église, n'est autre que l'ancien porche, célèbre pour son colombage.

La portière gothique fut remplacée au XVIIIe s. par deux magnifiques pavillons qui donnent accès à la cour d'honneur. Le portail porte le nom d'un abbé, l'évêque d'Orléans, Louis de Jarente.

Page suivante, la bibliothèque de l'abbaye. Silence, recueillement, lumière naturelle, tout concourt à aider le moine dans la quête d'une vie intérieure riche et la paix spirituelle.

Accès
À 36 km à l'ouest de Rouen.

Visites
En semaine : à 15h et 16h.
Dimanche et jours fériés : à 11h30, 15h et 16h.

Tél. 35 96 23 11

À ne pas manquer
- La porte de Jarente,
- les ruines de l'abbatiale,
- le cloître,
- l'église,
- la chapelle Notre-Dame de Callouville.

Offices en grégorien

LA SAGESS

Saint-Étienne et la Trinité de Caen

La promesse de Guillaume

Caen, c'est la cité de Guillaume : délaissant sa ville natale de Falaise, il en a fait le centre d'une brillante civilisation monastique. Lorsqu'en 1035 le duc Robert, son père, trouve la mort en Asie mineure lors d'un pèlerinage en Terre sainte, le tout jeune Guillaume se voit contraint de lutter pour affirmer son autorité ducale : il doit faire face à la fois à des groupes de rebelles et à la vendetta des familles seigneuriales, aux yeux de qui il n'est qu'un « bâtard ». Il lui faudra en fait attendre le milieu du XIe siècle et le soutien décisif du roi de France Henri Ier pour pouvoir asseoir définitivement son pouvoir. Mais c'est par son mariage avec sa cousine Mathilde, fille du comte Baudoin V de Flandres, qu'il devient, en 1050, l'un des plus puissants seigneurs de l'Europe féodale.

Les bâtiments conventuels datent du XVIIIe s. Ci-dessus, l'escalier d'honneur, avec sa rampe en fer forgé ornée de motifs floraux.

L'ancienne salle du chapitre est devenue la salle des mariages. Les boiseries en chêne clair sont surmontées de peintures des XVIIe et XVIIIe s.

Guillaume a pourtant d'autres ambitions. Ayant renoncé à faire passer la Bretagne dans la mouvance de son duché, il revendique l'héritage anglais d'Édouard le Confesseur, dernier roi anglo-saxon qui, mort sans héritier, lui aurait promis son royaume. Pour faire échec aux autres prétendants, il se lance alors dans la conquête de l'Angleterre. Épopée qui sera illustrée par la *Telle du conquers*, broderie effectuée non par Mathilde, comme le veut la légende, mais par des ouvrières anglaises à la fin du XIe siècle, et qui a sans doute longtemps orné le chœur de la cathédrale de Bayeux.

À droite, Saint-Étienne, ancienne église de l'abbaye aux Hommes. Une des caractéristiques de cet art anglo-normand, avec la voûte sur croisée d'ogives est le système dit du « mur épais ». En plus d'assurer une parfaite stabilité à l'édifice, il autorise l'aménagement d'une galerie de circulation à hauteur des fenêtres supérieures.

Mais le mariage non canonique de Guillaume avec sa cousine attire bien évidemment les foudres du pape. Menacé d'excommunication, Guillaume promet alors pour se racheter, de fonder l'abbaye aux Hommes et Mathilde, celle de l'abbaye aux Dames.

L'abbaye aux Hommes (église Saint-Étienne)

Sa construction débute en 1066. Du Bec-Hellouin, Guillaume fait venir celui qui sera son premier abbé : Lanfranc, un des plus grands théologiens de son temps, futur archevêque de Cantorbéry. Quatorze ans plus tard, l'église est consacrée. Et, lorsque Guillaume, duc de Normandie et roi d'Angleterre, mourra en 1087, il y sera inhumé conformément à ses vœux.

Longue de 110 mètres, l'abbatiale affiche une unité de style qui en fait un pur chef-d'œuvre. Et la façade, avec ses deux tours jumelles aux flèches d'époque gothique, est l'un des plus beaux exemples d'architecture normande.

Mais la guerre de Cent Ans et les guerres de Religion la font souffrir. Une réfection générale est alors entreprise à partir de 1599, sous la direction de dom Jean de Baillehache. Après la Révolution, elle est rendue au culte en tant qu'église paroissiale. Mais lors du débarquement de 1944, alors que de nombreux civils s'y étaient réfugiés, elle est touchée par les bombardements et voit ses tours endommagées.

Les bâtiments conventuels, eux, sont l'œuvre de Guillaume de La Tremblaye, moine de la congrégation de Saint-Maur et architecte de génie. Édifiés entre 1704 et 1790 mais restés inachevés, ils sont un des meilleurs exemples des vastes programmes réalisés par cette congrégation à l'époque classique. Après avoir abrité le lycée Malherbe (enfant de Caen) de 1802 à 1960, ils font aujourd'hui fonction d'hôtel de ville.

L'abbaye aux Dames

L'église, dédiée à la Trinité, abrite dans le chœur le corps de sa fondatrice, Mathilde, duchesse de Normandie et reine d'Angleterre. Construite entre 1060 et 1065, date à laquelle Guillaume fondait l'abbaye aux Hommes, elle est entièrement romane, à l'exception du couronnement des deux tours ajoutées au XVIIe siècle. Le chœur où repose Mathilde est d'une remarquable élégance : un ensemble de seize colonnes aux chapiteaux ornés de motifs végétaux donne une impression d'espace à cet endroit fort réduit. Les bâtiments conventuels, qui abritent aujourd'hui le siège du conseil régional, datent du XVIIIe siècle et sont également l'œuvre de Guillaume de La Tremblaye.

Ci-dessous, façade de la Trinité, ancienne église de l'abbaye aux Dames. Les deux balustrades et la rangée d'œils-de-bœuf datent du XVIIe s. Le tympan sculpté a été rajouté au XIXe.

Accès

Dans le centre de Caen.

Visites

Abbaye aux hommes
(bâtiments conventuels)
Tous les jours à 9h30, 11h, 14h30 et 16h.
Fermée les 01/01 et 25/12.
Tél. 31 30 42 81

Abbaye aux Dames
(bâtiments conventuels)
Tous les jours à 14h30 et 16h30. Fermée les 01/01, 01/05 et 25/12.
Tél. 31 06 98 98

À ne pas manquer

Abbaye aux hommes
- L'église Saint-Étienne,
- le chauffoir,
- la salle du chapitre,
- la sacristie,
- le cloître,
- le parloir,
- le réfectoire,
- l'escalier d'honneur,
- la salle des gardes.

Abbaye aux Dames
- L'église de la Trinité,
- la cour d'honneur,
- le lavatorium,
- le réfectoire,
- le grand vestibule.

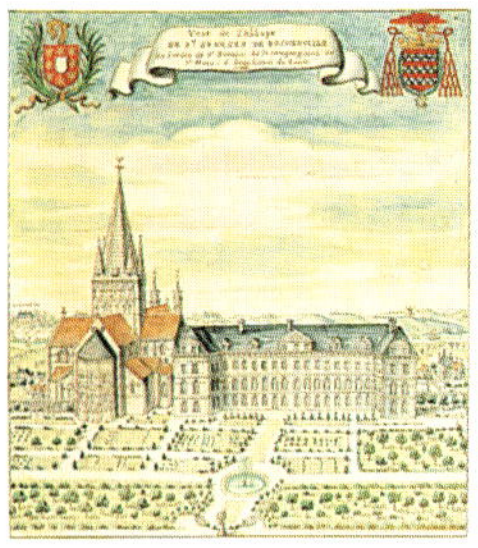

Gravure de 1723.

Entre la forêt et la Seine surgit, immense et magnifique, l'ancienne abbatiale. Unité de style, harmonie des proportions, l'image quasi intacte de ces grands sanctuaires normands.

SAINT-GEORGES-DE-BOSCHERVILLE

L'école romane normande à son apogée

Parmi les grandes abbatiales normandes construites par les Bénédictins, Saint-Georges-de-Boscherville est l'une des seules à nous être parvenue presque intacte, presque pure. L'ampleur et la magnificence des formes, la légèreté remarquable de la composition prouvent que l'école romane normande était alors à son apogée.

À l'origine de l'abbaye, une puissante dynastie féodale, les Tancarville, chambriers héréditaires des ducs de Normandie. C'est en effet Guillaume de Tancarville qui fonda Saint-Georges en 1114, en lieu et place d'une collégiale abritant une communauté de chanoines séculiers. Une trentaine d'annés seront nécessaires aux bénédictins venus de Saint-Évroult-en-Ouche pour bâtir la dernière des grandes églises romanes normandes. Suivant un plan semblable à celui de Saint-Nicolas de Caen, ils conçoivent une magnifique nef romane, qui sera voûtée d'ogives au XIIIe siècle, avec de remarquables chapiteaux historiés, à la sculpture en méplat qu'on peut croire d'inspiration chartraine.

L'abbaye, qui ne compta jamais plus de trente moines, fut successivement gouvernée par dix-neuf abbés, élus selon la règle bénédictine – le dix-neuvième, Antoine le Roulx, mort en 1535, est

La remarquable finesse des chapiteaux historiés du XIIe s. fait penser qu'ils sont l'œuvre de sculpteurs venus du Pays chartrain.

Cette statue-colonne de la salle capitulaire du XIIe s. illustre la règle de saint Benoît.

inhumé derrière l'autel – par quatorze abbés commendataires et trente-huit prieurs claustraux. Des bâtiments médiévaux il ne reste rien, et du cloître non plus, si ce n'est quelques chapiteaux historiés conservés au musée départemental des Antiquités de Rouen. Seule la salle capitulaire, édifiée au XIIe siècle par l'abbé Victor et modifiée à partir de 1659 par les mauristes, laisse entrevoir la richesse architecturale de l'ensemble monastique. La salle communiquait avec le cloître par trois baies romanes dont les statues-colonnes illustrant la règle de saint Benoît furent malheureusement mutilées à la Révolution.

En 1822, la salle capitulaire fut achetée par le département, grâce notamment à la persévérance de deux antiquaires de Rouen, Auguste Le Prévost et Achille Deville. Quant à l'église abbatiale, elle fut sans doute sauvée par les habitants de Saint-Martin-de-Boscherville qui décidèrent, juste après la Révolution, de la transformer en église paroissiale.

Les importantes fouilles récemment entreprises ont permis de découvrir, dans la cour du cloître, qu'avant d'être une abbaye bénédictine Saint-Georges-de-Boscherville fut un temple gallo-romain et une église funéraire mérovingienne.

Accès

À 10 km à l'ouest de Rouen.

Visites

Du 01/04 au 15/06 et du 15/09 au 31/10 : 9h à 12h et 14h à 19h.
Le reste de l'année : fermeture à 17h.

Tél. 35 32 10 82

À ne pas manquer

- L'église,
- la nef,
- la salle capitulaire,
- chapiteaux et statue-colonnes.

Concerts

Puissance et beauté des lignes. Ici, la croisée du transept voûtée à l'époque gothique.

« Ruines de l'abbaye de Mortemer ». *Estampe tirée de l'ouvrage de J. Taylor.*

Mortemer

Première abbaye cistercienne de Normandie

Aujourd'hui encore, Mortemer, isolée dans son vallon au cœur de l'une des plus belles hêtraies de France, occupe un site idéal pour une fondation monastique. Le ruisseau de l'Andelle, qui alimentait le moulin à eau, et les étangs, exploités comme pêcherie par les moines, ont toujours fait partie de l'environnement de la première abbaye cistercienne de Normandie.

Henri Ier Beauclerc, roi d'Angleterre, duc de Normandie et fils de Guillaume , qui fonda Mortemer en 1134, s'était opposé, dès 1106 à Anselme, ancien abbé du Bec-Hellouin devenu archevêque de Cantorbéry et primat d'Angleterre, au sujet des investitures. Il sut pourtant s'appuyer sur le puissant ordre bénédictin pour rétablir son autorité ducale. Il mourut en 1135 d'une indigestion de lamproies, à proximité de l'abbaye, au cours d'une partie de chasse en forêt de Lyons.

Vierge coiffée d'un voile court et d'une couronne. Elle tient l'enfant sur ses genoux. XIVe s. Traces de polychromie. Hauteur : 1,20 m.

L'abbaye de Mortemer est donc à l'origine bénédictine, comme toutes les grandes abbayes normandes. Mais elle devient très tôt cistercienne, avec l'arrivée des moines d'Ourscamp.

L'église abbatiale de Mortemer, d'un dépouillement tout cistercien, voit sa construction débuter en 1154 et est consacrée en 1209. Des fouilles récentes ont permis d'en reconstituer précisément le plan. Elle était de dimensions impressionnantes : 90 mètres de long sur 42 de large. Il ne reste malheureusement aujourd'hui qu'une partie du transept et, près de la porte donnant sur le cloître, un enfeu du XIIe siècle. Du cloître, fait de briques et de calcaire, subsistent six travées du XVIIe siècle et, suggérant la salle des moines, un simple berceau en plein cintre. De la salle capitulaire qui supporte les fenêtres du grand dortoir, seules deux baies ogivales flanquant l'entrée sont encore visibles.

Antiphonaire (recueil de chants liturgiques) en parchemin enluminé, contenant l'ensemble des chants exécutés par le chœur des moines à l'office ou à la messe. XVe s.

L'abbaye de Mortemer doit sa prospérité au régime de l'exemption dont bénéficiaient les monastères normands.

Au XVIe siècle, elle passe sous le régime de la commende. L'appât du gain pousse alors les abbés commendataires à cesser d'entretenir les bâtiments. Très endommagés, ils ne seront restaurés qu'à la fin du XVIIe siècle.

À la Révolution, Mortemer est vendue en tant que bien national et transformée en carrière de pierres. Tout comme l'abbaye de Fontaine-Guérard, située sur la rive droite de l'Andelle, elle servira à la construction des usines et des ponts de la région.

Seuls subsistent aujourd'hui le grand logis, les bâtiments de ferme avec la porterie, ainsi qu'un beau colombier du XVe siècle, modifié au XVIIe, qui servit un temps de prison.

Nées d'un amalgame entre foi profonde et superstition moyenâgeuse, de nombreuses légendes sont encore attachées au lieux.

Mathilde, la Dame Blanche, la source Sainte-Catherine et autres lutins et fées hantent encore Mortemer grâce au musée de l'abbaye.

De cette grande abbaye devenue cistercienne en 1130 il ne reste que des ruines. Ici le mur ouest, l'aile des moines.

Vierge en bois massif polychrome datant du XVIe s.

Le colombier, bâti au XVe s., remanié au XVIIe s., comporte 930 boulins et possède encore son échelle pivotante.

ACCÈS

À 39 KM À L'EST DE ROUEN.

VISITES

PARC : DE 10H À 12H ET DE 14H À 18H.
MUSÉE : DU 01/04 AU 30/09, DE 14H À 18H30.
EN HIVER : SAMEDI, DIMANCHE ET JOURS FÉRIÉS, DE 14H À 18H.

TÉL. 32 49 54 34

À NE PAS MANQUER

– LE PARC ET LES RUINES DE L'ABBAYE,
– LES APPARTEMENTS MEUBLÉS,
– LE COLOMBIER,
– LE MUSÉE DE LA VIE MONASTIQUE.

Mur extérieur du réfectoire.

Façade est de l'abbaye. De gauche à droite : l'église, la sacristie et la salle capitulaire.

Beauport

Les seigneurs blancs

Au XIIe siècle, sept cents ans environ après l'apparition des premiers foyers érémitiques sur les îlots de l'embouchure du Trieux et de l'archipel de Bréhat, Beauport est fondée par le comte Alain, seigneur de Goélo, fils d'Henri de Penthièvre et de Mathilde de Vendôme. Son choix s'est porté sur une anse abritée de la baie paimpolaise, Bellus Portus le bien nommé, seul port religieux de la côte de Goëlo. L'abbaye succède au monastère de l'île de Saint-Riom, mais l'esprit des origines, avec son regroupement autour d'une modeste chapelle, d'humbles cellules bâties sur le modèle des skellings irlandais, a bel et bien disparu. En 1202, l'abbaye, soumise à la règle de saint Augustin, est confiée aux chanoines prémontrés venus de La Lucerne, dans le diocèse d'Avranches.

La foire aux moines de Paimpol

Richement dotée, Beauport s'agrandit rapidement. Elle possède des terres jusqu'en Angleterre, des étangs, des landes, des marais, des fermes, des moulins à vent et à marée. Le comte Alain lui cède des droits sur la presque totalité de la forêt de Plouezec, lui assurant ainsi une fourniture en bois de charpente, et lui attribue deux

pêcheries en mer et deux autres dans le Leff, ainsi que les sécheries de Plouezec et de Kérity. Quant au frère du comte, Conan, il lui octroie le privilège de tenir foire pendant les trois jours de la Pentecôte : ainsi naîtra la fameuse « foire aux moines de Paimpol », qui vivra jusqu'à la Révolution. L'abbaye peut en outre lever la dîme et joue le rôle de banque en prêtant de l'argent à très faible taux d'intérêt.

La fin du XIIIe siècle voit s'élever les bâtiments conventuels, dont l'architecture se ressent de l'influence anglo-normande. Avec leurs imposants lieux de réception, ils affichent une structure plus seigneuriale que monastique. Ils sont d'ailleurs assez vastes pour accueillir les nombreux pèlerins qui, en route vers Saint-Jacques-de-Compostelle, débarquent de Cornouaille, d'Écosse et d'Irlande. L'église abbatiale, tournée vers le sud, ne porte-t-elle pas le nom de Notre-Dame-du-Bon-Voyage ?

Une tentative d'assassinat

Au sommet de leur puissance économique, les chanoines bâtisseurs de Beauport entreprennent d'élever une digue qui devrait permettre aux bateaux d'accoster. Mais c'est vraisemblablement ce projet peu rentable qui, au XVe siècle, provoque la ruine de l'abbaye. En 1456, les abbés, qui ne relèvent que du pape, obtiennent le droit de porter la crosse et la mitre. Ils ont déjà gagné le surnom de « seigneurs blancs », car, tout comme les seigneurs féodaux, ils jouissent de privilèges de justice et disposent d'un siège au parlement de Bretagne. Ne les soupçonne-t-on pas d'avoir ourdi la tentative d'assassinat du duc Jean V par les Penthièvre, ce qui vaudra à l'abbé d'être emprisonné ?

Le relâchement de la discipline déjà perceptible au XIIIe siècle lorsque le futur saint Yves vivait à Beauport ne fera que s'aggraver avec l'institution du régime de la commende.

La digue est à l'abandon

Deux catastrophes économiques vont aggraver le déclin de Beauport. En 1525, l'abbaye est contrainte de payer une quote-part de la rançon de François Ier, fait prisonnier par Charles Quint après la défaite de Pavie. Peu après, la réforme anglicane prive l'abbaye des revenus qu'elle tirait des paroisses d'outre-Manche.

À l'aube du XVIIe siècle, Beauport est au bord de la ruine, les toitures sont percées, il pleut dans les dortoirs et la digue est à l'abandon.

C'est le prieur Royer qui, de 1660 à 1690, reprend les choses en main, lançant une vaste opération de réhabilitation des bâtiments conventuels et de l'église, qui se verra doter d'une nouvelle flèche. Mais s'agit-il vraiment encore d'une abbaye ? Les mœurs se sont relâchées. En 1797, l'abbaye est vendue comme bien national au négociant paimpolais Louis Morand pour servir d'entrepôt agricole. L'aile est convertie en mairie et en école communale.

Au XIXe siècle, les visiteurs sont nombreux à Beauport. Parmi eux, Lamenais et Mérimée, inspecteur des Monuments historiques qui classe le site en 1862. En 1993, le descendant des Morand vend l'abbaye au Conservatoire de l'espace littoral, qui entreprend alors de la restaurer tout en sauvegardant son environnement.

L'abbatiale allie le granit rose de Perros-Guirrec, le schiste de la vallée de Trieux et le calcaire de Caen.

Entre le XVe et le XVIe s. ont été rajoutés deux contreforts pour compenser la poussée des voûtes de l'abbatiale.

Ci-contre, seule la végétation habite encore ces lieux délaissés par leurs occupants d'origine. Elle semble néanmoins souligner cette architecture médiévale pour en souligner la beauté intemporelle.

Bien qu'aujourd'hui reposant à ciel ouvert, les gisants ont traversé les siècles et s'offrent au regard surpris des visiteurs.

Accès

À 2 km au sud de Paimpol.

Visites

Du 15/06 au 15/09 : 10h à 13h et 14h à 19h.
Du 16/09 au 30/11 et du 01/03 au 14/06 : 10h à 12h et 14h à 17h (sauf mardi).
Du 01/12 au 28/02 : 14h à 16h sur rendez-vous.

Tél. 96 20 97 69

Expositions temporaires
Concerts
Soirées de contes traditionnels

Ruines de l'église romane édifiée au XIe s.

Accès

À 30 km au sud de Brest.

Visites

Du 01/05 au 30/09 (lundi au samedi) : 10h à 19h (dimanche et jours fériés) : 12h à 19h

Tél. 98 27 35 90

À ne pas manquer

- Les vestiges de l'ancienne abbaye,
- le musée,
- la statue de Saint-Guénolé.

*Évangéliaire sorti vers 870 du scriptorium de l'abbaye. Il s'agit ici de saint Marc représenté avec une tête de cheval (*marc'h *signifiant cheval en breton).*

Page ci-contre, buste reliquaire de saint Guénolé datant du XVe s. (paroisse de Saint-Fragant). Fondateur de Landévennec, il fut l'un des artisans de la christianisation de la Bretagne.

Landévennec

Selon la règle celtique

Landévennec, ou Lantévennec, est un nom prédestiné : *lan*, en effet, signifie ermitage. Or, c'est dans ce lieu cerné par la mer mais protégé des vents d'ouest, dans le cadre grandiose de l'estuaire de l'Aulne, à l'extrême pointe du Finistère, que saint Guénolé fonde, au Ve siècle, ce qui deviendra un des hauts lieux de la vie monastique bretonne. Avec ses frères jumeaux Guethenoc et Jacut, Guénolé est considéré comme le grand évangélisateur de la Bretagne. Il est issu d'une de ces familles de Bretons celtes (Brittons) qui par milliers ont quitté les îles britanniques, et surtout la Cornouaille, pour fuir les Angles et les Saxons, et débarqué sur cette terre qu'ils ont appelée Bretagne. L'implantation de ces nouveaux colons chrétiens favorisa alors l'essor des monastères, embryons de ce qui sera plus tard des villes.

Sur la rive de l'Aulne

Son père Fragan et sa mère sainte Guen présentent le jeune Guénolé à Budoc le Sage, prieur d'un monastère bâti sur l'île de Bréhat. Guénolé y reste jusqu'à l'âge de vingt et un ans, puis le quitte avec une dizaine de compagnons pour fonder à son tour un monastère sur un îlot situé à l'embouchure du Faou. Mais le sol y est trop aride, rien n'y pousse. Il décide alors de s'installer à Landévennec.

Des premiers bâtiments des VIe et VIIe siècles seuls ont été retrouvés les murs d'une petite église et une partie de la clôture de l'abbaye. Les moines vivaient alors selon la règle irlandaise de saint Colomban, dite règle celtique, occupant des cellules indépendantes, construites en forme de hutte autour de l'église. Au cours du siècle suivant, l'abbaye s'agrandit grâce aux terres cédées par les comtes de Cornouaille, et notamment par le légendaire roi Gradlon.

À côté de la chapelle naît alors une église, qui accueillera le tombeau de saint Guénolé. Encore faut-il se protéger des premiers raids normands, ce que l'on fait en élevant, côté mer, une large muraille.

La règle de saint Benoît

Au IXe siècle, la communauté adopte la règle de saint Benoît, et édifie un nouveau monastère sur le modèle des abbayes bénédictines. C'est aujourd'hui la seule abbaye carolingienne de France que l'on puisse observer dans ses véritables dimensions. Et cela grâce à un problème d'humidité qui au cours des siècles a imposé de rehausser les sols de chaque nouveau bâtiment avec les gravats du précédent : ainsi cette superposition d'édifices a-t-elle permis de retrouver les plans et les éléments de la vie de l'abbaye dans ses différentes phases.

L'édification de l'abbaye ouvre une longue période de prospérité et de rayonnement. Les pèlerins affluent, le scriptorium de l'abbaye connaît une réputation sans égale.

Ils fuient, emportant les reliques de saint Guénolé

Mais, en 913, cette ère de paix et de prospérité est brutalement interrompue par les incursions des Normands, qui saccagent et incendient l'abbaye. Les moines fuient, emportant avec eux les reliques de saint Guénolé. Ils trouvent refuge dans le Nord, à Montreuil-sur-Mer, où ils restent une trentaine d'années. À leur retour, en 950, priorité est donnée à la reconstruction de l'église et de la chapelle, grâce, une fois encore, à la générosité des comtes de Cornouaille, qui en 987 prennent le titre de ducs de Bretagne. L'église romane est achevée au XIe siècle. Le monastère et le cloître, jusque-là laissés à l'abandon, sont restaurés ; seule la salle du chapitre étant entièrement reconstruite. Aux XIIe et XIIIe siècles, l'ensemble est de nouveau modifié : pour protéger le monastère, une façade fortifiée donne maintenant sur la mer, qui sera complétée par un système de défense quand la guerre de Cent Ans viendra à sévir. Mais le déclin de l'abbaye est définitivement amorcé : abbés commendataires, guerres de Religion, ligueurs et autres pillards ruinent l'abbaye, dévastent et pillent l'église et le monastère. Les archives sont brûlées, les objets du culte, volés.

En 1632, Landévennec est rattachée à la congrégation de Saint-Maur. En quelques années, les réformateurs bénédictins restaurent l'église et reconstruisent entièrement le cloître et le monastère. Mais cette renaissance n'est que provisoire : la Révolution expulse les trois derniers moines ; l'abbaye est alors abandonnée aux démolisseurs.

En 1950, la communauté des bénédictins de Kerbénéat rachète le site. La nouvelle église est achevée en 1958, de même que les bâtiments conventuels de pierre rose.

Solesmes

La renaissance bénédictine

Pourquoi Solesmes ? Pourquoi avoir choisi cette imposante abbaye bénédictine pour fuir l'effervescence parisienne ? Nous sommes en 1926. Pierre Reverdy, « poète exemplaire » selon Aragon, ami des peintres Picasso, Gris, Matisse et Braque, se retire au pied de l'abbaye, à portée de voix des chants grégoriens. Grande figure du surréalisme, poète soucieux d'authenticité, Pierre Reverdy a « choisi librement Dieu » à Solesmes, comme son ami Max Jacob à Saint-Benoît-sur-Loire. Bien que les vastes bâtiments, construits au XIXe siècle dans le style néoroman, n'aient ni l'élégance, ni la pureté toute romane de Saint-Benoît, Reverdy y restera jusqu'à sa mort, en 1960.

Un modeste prieuré

Jusqu'à la Révolution, l'histoire de Solesmes est celle d'un modeste prieuré, fondé en 1010 par Geoffroi le Vieux, seigneur de Sablé, et abritant tout au plus une dizaine de moines. L'endroit est si petit qu'il est desservi par la Couture du Mans, l'abbaye de saint Bertrand. Reconstruite après la guerre de Cent Ans, Solesmes conserve de son origine romane les grandes arcades proches du transept de l'église Saint-Pierre.
Le portail date du XIVe siècle ; les voûtes ont été construites entre 1469 et 1522, ainsi que le clocher, dont la petite fenêtre romane sur le flanc sud a été agrandie et surélevée. La modestie du lieu n'a pas empêché ses prieurs, dès la fin du XVe siècle, de doter leur église de sculptures exceptionnelles connues sous le nom de « saints de Solesmes ».

L'ordre bénédictin restauré, le chant grégorien redécouvert

Solesmes entre dans l'histoire du monachisme français à partir de 1833, lors de la restauration de l'ordre bénédictin, qui en France fut l'œuvre de dom Prosper Guéranger (1805-1875). Celui-ci, avec trois compagnons, rachète l'ancien prieuré situé à côté de sa ville natale de Sablé-sur-Sarthe, qui sera ensuite érigé en abbaye par lettre apostolique du pape Grégoire XVI.
Le Saint-Siège autorise également la constitution d'une congrégation française de l'ordre bénédictin, avec comme maison mère l'abbaye de Solesmes. La renaissance de l'ordre débute donc sur les bords de la Sarthe. Pour dom Guéranger, le renouveau de la règle bénédictine

La façade du prieuré construit en 1722 et ses jardins à la française. Cet ensemble a été conçu pour assurer aux moines un espace de silence et de paix.

Située à quelques kilomètres de Sablé, la masse puissante de la nouvelle abbaye construite au XIXe s., sur la rive droite de la Sarthe, attire et émerveille les promeneurs.

La chapelle de Notre-Dame, surnommée la Belle Chapelle, est consacrée à la Vierge. La scène principale évoque la mise au tombeau de la Vierge. Au-dessus sont sculptés quatre Pères de l'Église et une Assomption. C'est Jean Bougler, le prieur de Solesmes, qui fit exécuter ces sculptures au XVIe s.

s'accompagne d'un retour à la liturgie latine et d'une redécouverte du chant grégorien. Ainsi Solesmes devient-il un centre de recherche mondialement connu par ses travaux sur le chant grégorien, grâce à dom Pothier et dom Mocquereau notamment. Dom Guéranger fondera ou relèvera d'autres abbayes : celle de Sainte-Cécile, destinée aux Bénédictines et construite à Solesmes même entre 1866 et 1871, mais aussi celles de Saint-Martin de Ligugé.

Un grenier sert de siège au chapitre

Triste date que cette année 1880 par laquelle s'ouvre le temps de la douleur et de la séparation : un décret gouvernemental touchant les congrégations religieuses expulse de force les moines de leur abbaye.
Quinze ans durant, ceux-ci trouveront refuge dans les maisons de Solesmes. Un grenier du presbytère sert de siège au chapitre, les offices se font dans l'église Sainte-Cécile, les moines dorment chez l'habitant.
À leur retour, en 1895, il faut agrandir, les bâtiments conventuels construits en 1722. Les travaux sont confiés à l'architecte bénédictin dom Mellet. S'inspirant tout à la fois du palais des Papes d'Avignon et de la Merveille du Mont-Saint-Michel, celui-ci édifie l'aile monumentale qui donne sur la Sarthe (et que viendra compléter, en 1955, une autre aile construite en retour d'angle). Le chantier est à peine achevé que les lois de 1901 et de 1905 instaurant la séparation de l'Église et de l'État obligent les moines à fuir de nouveau. Ils s'expatrient sur l'île de Wight, au monastère de Quarr. Lors de la Première Guerre mondiale, Solesmes est transformée en hôpital. Il faut attendre 1922 pour qu'enfin les moines retrouvent la paix de leur abbaye.

Pierre Reverdy et Solesmes

C'est Max Jacob, qui lui-même a déjà fait le choix de l'isolement, qui recommande Solesmes à Pierre Reverdy, dont il connaît l'aspiration au silence et au recueillement.
Pierre Reverdy fait confiance à son aîné. Dès 1926, il décide d'abandonner les vanités littéraires et artistiques du monde parisien pour venir vivre à Solesmes. Sa femme, qui posait naguère pour Picasso, le suit dans son exil. Ils s'installent dans une petite maison toute proche de l'abbaye, où ils vivent chichement : lui est correcteur, elle fait de la couture. Un moine, le père Agaesse, devient le confident du poète dans sa quête d'absolu.
L'abbaye, ses moines et leurs chants grégoriens : il n'en fallait pas plus à Pierre Reverdy pour conforter son engagement mystique. Engagement conforme à sa poésie, dont la pureté et la rigueur le classent parmi les plus grands poètes intimistes du XXe siècle. Resté fidèle à son vœu de solitude jusqu'à sa mort en 1960, il repose à présent dans le petit cimetière de Solesmes.

Page ci-contre, la chapelle de Notre-Seigneur représente la mise au tombeau du Christ. Elle fut édifiée en 1496 par le prieur Guillaume Cheminart. De tous les personnages réunis dans la grotte, le plus connu est Marie-Madeleine, assise au premier plan.

Celui qui entre pour la première fois dans l'église est frappé par sa longueur et son étroitesse. Le chœur actuel date de 1864, mais les stalles ont conservé leurs sculptures du XVIe s.

Accès

À 3 km à l'est de Sablé.

Visites

Seule l'église est ouverte au public, tous les jours de 9h à 18h et pour les complies.

Tél. 43 95 03 08

À ne pas manquer

– les arcades de la nef,
– les groupes sculptés des saints de Solesmes.

Chants grégoriens
Ouvrages et disques

L'ÉPAU

La Dame du Mans

Que sont-elles devenues, les grandes abbayes cisterciennes du Maine : Clermont, Perseigne, Bellebranche, Fontaine-Daniel, Tironneau, Champagne ? L'ancienne abbaye de L'Épau, qui, miraculeusement préservée, dresse encore ses murs aux portes du Mans, serait-elle la seule survivante ?

Ci-dessous, la salle capitulaire. C'est, dans la tradition cistercienne, le lieu le plus élégant de l'abbaye. Bérengère de Navarre y reposerait sous son gisant. Sur ce tombeau-lit, elle est représentée vêtue d'une longue robe resserrée à la taille par une ceinture d'où pend une escarcelle. Sa tête, reposant sur un coussin, porte la couronne royale.

Née d'une amitié

Lorsqu'elle fonde l'abbaye en 1229, Bérengère de Navarre a soixante ans, et depuis trente ans est veuve du roi d'Angleterre, le légendaire Richard Ier Cœur de Lion. Le mariage, arrangé par sa belle-mère, Aliénor d'Aquitaine, avait été célébré le 9 mai 1191 à Chypre, en la cathédrale de Limassol. Et depuis, les époux ne s'étaient pratiquement jamais revus. Richard, qui s'était aussitôt embarqué pour la croisade en compagnie du roi de France Philippe Auguste, avait été fait prisonnier en Autriche à son retour et avait dû attendre le versement de sa rançon de 100 000 marcs d'argent. Puis il avait toujours préféré l'Angleterre et l'Anjou à l'Aquitaine, où séjournait son épouse. Le 6 avril 1199, blessé par un carreau d'arbalète au siège de Châlus, il mourait de gangrène. Bérengère, épouse délaissée, privée de pouvoir et d'héritier, reçut Falaise et Domfront à la mort d'Aliénor, qu'elle échangea avec Philippe Auguste contre le douaire du Mans. En 1204, elle s'installait dans le château des comtes du Maine.

Notre-Dame de l'Épau est née de l'amitié de Bérengère avec Adam de Perseigne, abbé du monastère cistercien du même nom et ancien confesseur de Richard Cœur de Lion. Le 25 mars 1229, Bérengère confie aux Cisterciens la construction d'une abbaye en bordure de l'Huisne, à L'Espal (devenu depuis L'Épau), sur un terrain que lui avait donné Louis IX, pour qu'elle y soit ensevelie. Notons au passage l'entorse faite à la règle cistercienne, qui voulait que l'on choisisse un endroit isolé, à une lieue au moins d'une autre communauté et à dix d'une fondation cistercienne. La reine Bérengère devait décéder vingt et un mois plus tard, alors que l'abbaye sortait à peine de terre, et sera inhumée dans ce qui deviendra la salle capitulaire.

Les Manceaux incendient l'abbaye

Il faudra cent trente ans (1230-1365) pour édifier, dans le strict respect de l'architecture cistercienne – malgré d'indéniables influences angevines et normandes –, l'abbaye appelée la Piété-Dieu (*Pietas Dei*) de L'Épau. En 1364, lorsque Charles V monte sur le trône, la France traverse

Une des clés de voûte de la nef représentant les armes de L'Épau : l'agneau mystique au glaive fiché en terre. Cette allégorie se retrouve quatre fois à L'Épau.

Le scriptorium présente six travées de voûtes sur croisées d'ogives dont les nervures retombent sur des piliers monolithiques.

Sur les arcs de la salle capitulaire on peut encore remarquer des traces de la peinture du XIVe s.

La grande fenêtre du chœur de l'église, une œuvre capitale du XIVe s., qui remplaça le triplet éclairant le chœur à l'est (11 m de haut, 6 m de large, 70 m^2 de surface). Sa rosace est divisée en quatorze compartiments trilobés et le vitrage, reconstitué en 1971, a fait l'objet de recherches chromatiques propres à faire revivre la lumière des premiers jours.

Accès

À 4 km à l'est du Mans.

Visites libres

De 9h30 à 11h30
et de 14h à 17h30
tous les jours.

Tél. 43 84 22 29

À ne pas manquer

- Le chauffoir et le scriptorium,
- la salle capitulaire,
- la sacristie,
- l'église abbatiale,
- le dortoir,
- le Logis de l'Abbé.

Concerts

Expositions

une période de troubles sans précédent : les troupes anglaises et les redoutables routiers des Grandes Compagnies sèment partout la terreur, incendiant et massacrant. Les moines doivent se réfugier à l'intérieur des murs fortifiés du Mans. Et c'est sans doute pour éviter que l'abbaye ne se transforme en camp retranché anglais que les Manceaux choisissent de l'incendier. La reconstruction est décidée dès l'année suivante, mais elle durera jusqu'à la fin du XVe siècle, et sera financée par une taille supplémentaire imposée par le roi Charles VI aux habitants du Mans. On pose de nouvelles charpentes de châtaignier, on voûte l'église et on entreprend la construction d'un logis abbatial. Au XVIIIe siècle, on construit une aile que l'on affectera aux lieux réguliers (cuisines et dortoirs). Quelques années plus tard, à la veille de la Révolution, l'abbaye ne compte plus qu'une poignée de moines se consacrant essentiellement à l'agriculture. En 1791, elle est vendue en tant que bien national pour 56 000 livres, l'équivalent, disait-on à l'époque, d'une bonne paire de bœufs.

Transformée en exploitation agricole, puis en dépôt de camions allemands sous l'Occupation, l'abbaye, qui par miracle a échappé au feu, est rachetée en 1959 par le département de la Sarthe et restaurée dans l'esprit du XIIIe siècle.

Les tribulations de la reine morte

Pauvre Bérengère ! Délaissée dans la vie, elle connaîtra de nouveaux tourments après la mort. La « Dame du Mans et humble reine d'Angleterre », morte le 23 décembre 1230, est, on l'a vu, inhumée provisoirement dans une abbaye à l'état d'ébauche. Son gisant, qui ressemble fort à celui d'Aliénor d'Aquitaine à Fontevraud, va être ensuite déposé à la croisée du transept de l'abbatiale. Que devient-il lors du terrible incendie de 1365 ? Trouve-t-il refuge dans la salle capitulaire avant d'être ramené, en 1672, dans le chœur de l'abbatiale ? C'est là, en tout cas, qu'en 1817 le peintre anglais Albert Shotard, venu en France à la recherche des Plantagenêts, le découvre au milieu des poules et des machines agricoles.

La cathédrale du Mans l'accueille alors provisoirement. Mais le repos n'est pas encore au rendez-vous. On le déplace une première fois en 1861, pour laisser la place au gisant d'un évêque, puis en 1920 pour ériger un monument à la mémoire des prêtres morts à la guerre. Il finira pourtant par revenir à l'abbaye, puisqu'il repose aujourd'hui dans la salle capitulaire. À l'intérieur, une boîte de chêne – Ossa Berengeria 1230-1672-1821-1867 – renferme le squelette d'une femme de soixante ans qui fit construire L'Épau pour le repos de son âme et le salut des Plantagenêts.

C'est dans la chapelle Saint-Sébastien que l'on peut voir le seul vestige de l'ancien pavage, datant du XVIe s., un damier de carrés d'ardoise et de pierre blanche.

L'église abbatiale et les bâtiments conventuels vus de l'est.

Ci-dessus, les bâtiments conventuels du XIVe s. Seule aile subsistant avec son sous-sol, la cave à sel, au rez-de-chaussée, la cuisine octogonale flanquée de deux réfectoires et, à l'étage, les dortoirs des hôtes.

Ci-contre, face aux vastes étendues mouillées du Marais poitevin, les ruines grandioses de l'église abbatiale. De son élévation au début du XIe s. se découpe encore sur le ciel le narthex et le mur du bas-côté gauche. Il est possible de grimper au sommet d'un clocheton pour avoir une vue d'ensemble de l'abbaye, du bourg et des marais.

Page de droite, le transept du XIVe s., dont il reste une partie du croisillon gauche, de style gothique.

Accès
À 25 km à l'ouest de Niort.

Visites
Du 01/07 au 31/08 : 9h à 20h.
Du 01/09 au 31/05 : 9h à 12h30 et 14h à 18h.
Fermé le jeudi hors saison.

Tél. 51 00 70 11

À ne pas manquer
– Les ruines de la cathédrale,
– le musée lapidaire.

Expositions

Maillezais

Le bastion des huguenots

Longtemps Maillezais vécut fortifiée sur son îlot au milieu des marais. Mais, lorsque la paix revint, les moines décidèrent d'assécher les marécages. Chantier colossal, qui déboucha sur le creusement du canal des Cinq-Abbés : l'Autise et la Sèvre Niortaise étaient enfin drainées. Que reste-t-il aujourd'hui de la riche et puissante abbaye bénédictine Saint-Pierre de Maillezais ? Deux bâtiments claustraux disposés en équerre, le narthex et les deux tours carrées de la grande église, où le style roman s'associe à d'admirables ogives. Mais quel destin ! L'abbatiale aux six clochers était devenue cathédrale avant d'être convertie en place forte huguenote, puis vendue et restituée à la couronne.

Le fils de la fée Mélusine

En 989, Guillaume Fier à Bras, comte de Poitou, et sa femme Emma fondent à Saint-Pierre-le-Vieux une première abbaye, qu'ils confient aux moines de Saint-Julien de Tours. Situation provisoire, puisqu'un peu plus tard les Bénédictins obtiennent le château-forteresse de Maillezais, que les comtes avaient fait bâtir pour se protéger des Normands. L'abbaye est consacrée en 1010. Le comte Guillaume le Grand s'y retire et y meurt en 1030. Il y sera enterré, ainsi que ses deux fils. À la fin du XIIe siècle, elle possède cinquante églises et de nombreuses terres. De quoi susciter l'envie et la haine des Lusignans : en 1232, celui que la légende désigne comme le fils de la fée Mélusine, Geoffroy de Lusignan, dit Geoffroy la Grand'Dent, comte de Vouvant, Mervent et autres lieux, assiège Maillezais.

Rabelais y conçoit son abbaye de Thélème

En 1317, le pape Jean XXII érige l'abbaye en évêché. Geoffroy d'Estissac, élu évêque en 1518, enrichit l'abbatiale d'un beau chœur Renaissance à sept chapelles rayonnantes. Et c'est lui qui accueillera Rabelais fuyant les cordeliers de Fontenay-le-Comte dont il a pris la robe. L'écrivain loge alors dans son château, le suit dans ses déplacements, devient son secrétaire et le précepteur de ses neveux. Existence heureuse et propice à l'écriture : c'est à Maillezais que Rabelais conçoit son abbaye de Thélème. Sans doute le personnage de Geoffroy de Lusignan, à la mâchoire protubérante, lui inspire-t-il son Pantagruel, que l'on suit ici sur les chemins du Poitou, pays de la fée Mélusine : « Et partant de Poitiers avecques aulcuns de ses compagnons, passèrent par Legugé, visitans le noble Ardillon, abbé de Lusignan, par Sansay, par Celles, par Colonges, par Fontenay le Comte, saluans le docte Tiragneau et là arrivèrent à Maillezays, où visita le sépulchre dudict Geoffroy à la Grand'dent... » (*Pantagruel*, chapitre V).
Le soutien de monseigneur d'Estissac à Rabelais ne se démentira jamais, ni lorsque celui-ci partira étudier la médecine à Montpellier, ni lorsqu'il accompagnera le cardinal de Bellay à Rome – d'où il enverra à son protecteur, pour le remercier, un plant de salade particulier, prélevé dans le jardin secret du pape : la fameuse « romaine », qui poussera pour la première fois en France à Maillezais.

Agrippa d'Aubigné, gouverneur de Maillezais

En 1507, les protestants dévastent l'abbaye et font de Maillezais une place forte huguenote. Deux ans plus tard, Agrippa d'Aubigné en devient gouverneur et fait démanteler les bâtiments conventuels, dont les matériaux vont servir à l'édification du fort du Dognon, à Maillé, qui contrôle tout le trafic fluvial de la Sèvre.
Pendant ses trente ans de gouvernement, il aura tout loisir de remanier son *Histoire universelle* et de rédiger *les Tragiques* – qui seront imprimées à Maillé. En 1617, il vend l'abbaye au duc de Rohan, qui la restitue à la couronne. De ce grandiose monastère bénédictin ne subsistent alors que la cathédrale, dont une partie des voûtes s'est effondrée, le réfectoire construit au-dessus du cellier et ce qui reste encore aujourd'hui des bâtiments conventuels. Le logis de l'évêque est lui aussi en très mauvais état. En 1648, l'évêché est supprimé par le pape Innocent X et transféré à La Rochelle. À la Révolution, l'abbaye est abandonnée aux démolisseurs, mais en 1923 elle est classée monument historique. Les importants travaux de restauration et de fouilles entrepris depuis ont permis la découverte, des restes d'un habitat néolithique.

Saint-Savin-sur-Gartempe

La chapelle Sixtine du Moyen Âge

Évoquant Saint-Savin, l'historien d'art Henri Focillon parle de « chapelle Sixtine du Moyen Âge français ». Au même titre que les peintures de Lascaux pour l'art paléolithique, les fresques de Saint-Savin constituent en effet le plus vaste et le plus riche ensemble connu de peintures murales romanes françaises. Ce sont elles qui valurent à cette abbatiale d'être inscrite au patrimoine mondial de l'UNESCO en 1984.

En pénétrant dans l'église, on est saisi par la puissance de ces colonnes qui irrésistiblement entraînent le regard vers les fresques de la voûte. Les scènes sont disposées en longs bandeaux parallèles à l'édifice, et cela grâce à l'absence de doubleaux. Cette architecture, appelée en registres est une disposition tout à fait traditionnelle dans la peinture murale romane. Tout porte à croire que ces fresques furent exécutées par un seul et même atelier à la fin du XIe siècle. Remarquablement bien conservées, elles resplendissent dans la belle lumière de l'église, malgré leurs couleurs légèrement estompées. Sous le porche, on admirera les surprenantes visions de l'Apocalypse ; dans la vaste nef, les scènes de la Genèse et de l'Exode, depuis la création des astres jusqu'au passage

Savin et Cyprien subissent le supplice de la roue (peinture de la crypte).

Scène de l'arche de Noé : l'arche de Noé flotte sur les eaux du déluge où l'on aperçoit plusieurs noyés. Au premier étage se trouvent les couples de quadrupèdes, au deuxième les volatiles, et au troisième la famille de Noé. Au-dessus de la figure de proue vole le corbeau envoyé par Noé pour vérifier si les eaux commencent à se retirer.

Admirable pureté architecturale de la nef, avec ses voûtes jetées en haut d'une majestueuse colonnade. Les peintures de la voûte se déploient à 16 m de hauteur, sur une superficie de 460 m². Elles ont été exécutées directement sur le mur grâce à une technique qui utilise à la fois la fresque et la détrempe. Les couleurs employées sont essentiellement les ocres (jaune et rouge), les bruns, mais également les verts. Tous sont des pigments minéraux. Ces couleurs sont rarement mélangées à du blanc de chaux, et jamais à du noir. Les quelques traces de noir visibles sont presque toutes dues à des virements de pigments. Pour la nef, du bleu est utilisé dans quelques scènes du porche, de la crypte et de la chapelle axiale.

Savin et Cyprien sont deux frères qui, ayant refusé d'adorer des idoles, sont condamnés à mort vers le milieu du Ve s. Ils seront décapités sur les rives de la Gartempe.

À droite, dans la crypte, le supplice des ongles de fer.

de la mer Rouge ; sur les murs de la tribune, la Passion ; et dans la crypte, le martyre de saint Savin et de saint Cyprien.

Dans un castrum carolingien

L'histoire de l'abbaye commence, vers l'an 800, avec la découverte dans la petite vallée de la Gartempe, des restes de saint Savin, moine italien martyrisé près de Poitiers, et de saint Cyprien. L'abbé de Marmoutier, propriétaire des lieux, y fait alors construire un premier monastère, dans un castrum élevé par Charlemagne. Bien protégée contre les raids normands, l'abbaye prospère jusqu'au Moyen Âge. Elle se dote d'une vaste église et voit son rayonnement s'étendre sur l'ensemble de l'Aquitaine. Mais elle est pillée et incendiée une première fois par le Prince noir en 1371, puis par les protestants en 1562 et 1568, et enfin par l'armée royale en 1574.
En 1640, les mauristes reconstruisent les bâtiments conventuels et restaurent l'abbatiale. Elle devient église paroissiale après la Révolution.

Classée par Mérimée

En 1836, Prosper Mérimée, alors inspecteur des Monuments historiques, classe le site et engage une première campagne de restauration des bâtiments et des fresques, que les mauristes avaient recouvertes de lait de chaux. Il s'emploie aussi à colmater la fissure du berceau central. Entre 1967 et 1974, une seconde campagne, soutenue à ses débuts par André Malraux à pour but de régénérer le mortier de certaines fresques. Une nouvelle technique de perfusion goutte à goutte de résines acryliques est alors mise en œuvre.
L'année 1990 voit l'ouverture à Saint-Savin d'un centre international d'art mural.

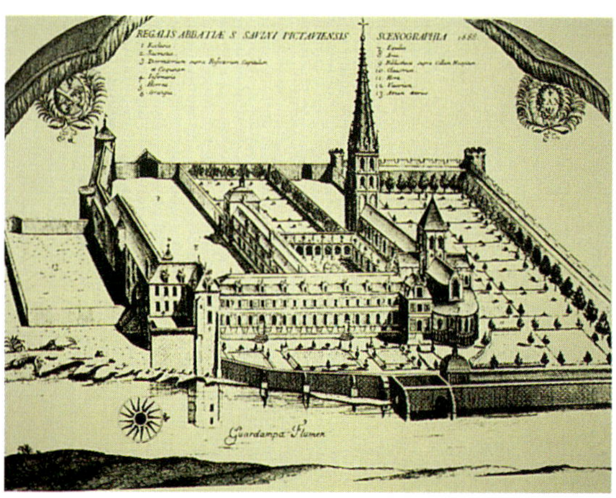

Projet de reconstruction de l'abbaye dessiné en 1688 par les moines mauristes et qui fut réalisé en partie seulement.

Sur les rives de la Gartempe, cette vaste abbatiale romane du XIe s. est d'une beauté architecturale exceptionnelle. Elle mesure 76 m et possède un transept de 31 m de long. Au premier plan, le vieux pont à avant-bec construit aux XIIIe et XIVe s. Remarquez l'élégante flèche gothique de son grand clocher, haute de 77 m.

ACCÈS

À 42 KM À L'EST DE POITIERS.

VISITES

TOUS LES JOURS, DU 01/06 AU 31/10. 10H À 12H ET 14H À 18H30. LE RESTE DE L'ANNÉE : LES WEEK-ENDS ET JOURS FÉRIÉS.

TÉL. 49 48 66 22

À NE PAS MANQUER

– LES PEINTURES MURALES DE L'ABBATIALE,
– LES CHAPITEAUX DE LA NEF.

EXPOSITION D'ART MURAL

Façade flamboyante de l'église Saint-Martin, reconstruite au début du XVIe s. par Geoffroy d'Estissac, ami de François Rabelais.

Le plus ancien monastère de France reprend son titre abbatial en 1864, après que les moines de Solesmes eurent entrepris sa restauration.

Saint-Martin de Ligugé

Le plus ancien site monastique d'Occident

Ligugé siège au seuil du Poitou, sur une émergence de roches anciennes qui raccorde le Massif central au Massif armoricain. C'est là qu'en l'an 361 saint Martin fonda le plus ancien monastère d'Occident.
Les vestiges de sa cellule et de son église – le tracé de l'abside est encore visible – ont été mis au jour lors des fouilles entreprises en 1953.

Officier romain devenu anachorète

Saint Martin est né en 316 en Hongrie, aux marches de l'Empire romain. À l'instar de son père, il devient officier dans le corps d'élite de la garde impériale à cheval, et est alors affecté au nord de la Gaule. Bien des légendes ont entrepris de raconter sa vie. L'une d'elles le décrit graissant les sandales de son esclave ; l'autre le montre à Amiens, n'hésitant pas à couper son manteau pour vêtir un mendiant. Au terme de son engagement, il cherche à rejoindre saint Hilaire, évêque de Poitiers. Mais celui-ci s'est exilé. Saint Martin vit alors sa première expérience monastique sur une île italienne, semble-t-il dans une communauté de cénobites (du grec *koinos bios*, « vie commune »). Quand enfin il rejoint Poitiers, il fonde le monastère de Ligugé. L'anachorète est bientôt entouré de disciples et prend la tête de la communauté. Sa ferveur est telle que les foules se déplacent pour venir l'écouter et se convertir. Appelé à Tours pour guérir un mourant, il y est retenu de force et élu évêque. En 372, il fonde non loin de là, à Marmoutier, un autre monastère destiné aux plus lettrés de ses fidèles et dont le mode de vie s'inspire de celui des cénobites de Pacôme. Puis il part évangéliser la Gaule et, appelé à régler une querelle entre membres du clergé, il meurt à Candes, sur les bords de la Vienne. Son corps est alors ramené à Tours, escorté par ses moines.

Ligugé accueille le pape...

Après la mort de saint Martin, Ligugé subit la persécution des Wisigoths. Mais une fois ceux-ci écrasés par Clovis à Vouillé, en 507, la vie monastique reprend ses droits – premier roi mérovingien, Clovis, accédant à la demande de sa femme Clotilde, princesse burgonde chrétienne, a reçu le baptême à Reims des mains de saint Remi.
Détruit au VIIIe siècle, le monastère reprend vie en 1003 grâce à Aumode, comtesse de Poitou, dont le sarcophage repose depuis dans la crypte de l'église. Par la suite, il devient prieuré de l'abbaye de Maillezais. L'année 1308 y voit séjourner le pape Clément V, venu assister à l'ouverture, à Poitiers, du procès des Templiers. Dans la seule journée du 13 octobre 1307, le roi Philippe le Bel, qui convoite les richesses de cet ordre, a en effet fait arrêter ses quinze mille chevaliers. Lesquels, après un simulacre de procès, seront torturés à mort, et les survivants, brûlés. Enfin, en 1312, le roi obtient du pape la suppression de l'ordre.

... et bon nombre de célébrités

Plus tard, Ligugé accueillera François Rabelais, lorsque son ami Geoffroy d'Estissac y sera prieur. En 1520, Ligugé passe aux mains des jésuites qui en font leur résidence, ce qu'elle restera jusqu'à la Révolution, les bâtiments étant alors vendus. Le 25 novembre 1853, à l'instigation du futur cardinal Pie, évêque de Poitiers, quatre moines, venus de Solesmes, renouent avec la tradition monastique. Une communauté bénédictine y prend vie, essaimant à Paris et à Saint-Wandrille, jusqu'à l'exil des moines en 1901. Ils ne regagneront Ligugé qu'en 1923.
Parmi les hôtes célèbres de l'abbaye, citons J.-K. Huysmans – converti à la foi chrétienne, il écrivit *la Cathédrale* (1898) dans sa maison située à 400 mètres de l'abbaye – ainsi que son ami le peintre Georges Rouault. Parmi ses novices, l'écrivain et diplomate Paul Claudel. Quant à Robert Schuman, futur père de l'Europe, il y trouva refuge lors de la dernière guerre.
Une importante campagne de fouilles lancée en 1953 a permis de mettre au jour une exceptionnelle série d'édifices préromans, notamment une villa gallo-romaine, la basilique primitive, antérieure à 370, et un martyrium du IVe siècle.

Le vitrail de l'église Saint-Martin représente saint Martin jeune militaire à Amiens, partageant son manteau avec un pauvre.

Crypte du VIIe s. placée sous la nef de l'église. Les fouilles entreprises en 1953 ont permis de la mettre au jour. On pense que la pierre tombale qui s'y trouve est celle de l'abbé Ursin.

Accès

À 8 km au sud de Poitiers.

Visites

En semaine : 9h à 11h et 15h à 17h30.
Les dimanches : 11h15 à 12h15, 15h à 16h15 et 17h15 à 18h.

Tél. 49 55 21 12

À ne pas manquer

– L'église Saint-Martin,
– les fouilles,
– la galerie d'émaux.

Offices en grégorien

Artisanat

Abbaye de Fontevraud, le gisant d'Henri II.

FONTEVRAUD

SAINT-BENOÎT-SUR-LOIRE

NOIRLAC

FONTGOMBAULT

MOZAC

LAVAUDIEU

LA CHAISE-DIEU

AUBAZINE

Le Centre

Chemin qui s'étire le long d'une vallée, celle de la douceur de vivre, bordée de châteaux et d'abbayes, jardin d'agrément au cœur de la France, terre d'élection des rois et des moines. La Loire est ce long fleuve qui, de la Touraine à l'Auvergne nous fait revivre les premières heures du christianisme. Voyage initiatique à la découverte de ces pierres, des pierres blanches et tendres aux allures de château jusqu'aux pierres de lave, sombres et inaltérables des cathédrales d'Auvergne. Contraste de styles, contraste d'échelles entre la nécropole majestueuse des Plantagenêts et les châsses-reliquaires en émaux de Limoges !

Et que de sanctuaires célèbres : Fontevraud, aux frontières de l'Anjou, cité des Fontevristes aux cinq monastères qu'éclaire encore la figure de Robert d'Arbrissel ; Saint-Benoît-sur-Loire, si profondément bénédictine au point d'avoir subtilisé les reliques du grand saint Benoît, fondateur du monachisme occidental ; Fontgombault, considérée comme l'une des plus belles églises romanes de France ; Noirlac, si belle, si austère, si cistercienne, « prison aux portes ouvertes », disait saint Bernard. Au bout du bras nord du transept, la « porte des morts », cette porte vouée à ne s'ouvrir qu'une seule fois, le jour de la mort.

Passons Aubazine, les plaines et les collines du Limousin, pour atteindre les montagnes. C'est sans doute dans l'abbatiale de Mozac que la sculpture en Auvergne atteint son apogée.

À Lavaudieu, en Haute-Loire, dont le cloître du XIIe siècle a su conserver sa charpente et son étage en bois, fallait-il rappeler aux religieuses les sept péchés capitaux en décorant chaque chapiteau de leurs facéties : l'homme qui porte une bourse au cou en guise de médaillon pour évoquer l'avarice, ou bien encore cette femme aux seins rongés par une salamandre en punition de sa luxure ? À La Chaise-Dieu, la mort rôde dans cette austère et puissante abbatiale d'Auvergne. Tout un pan de la société du XVe siècle surgit devant vous, vision fugitive de soixante-dix-huit silhouettes peintes. Alors, à la suite d'Adam, laissez-vous entraîner dans la folle farandole de cette extraordinaire Danse macabre, *chef-d'œuvre d'une des plus poignantes abbatiales d'Auvergne.*

Vue générale de l'abbaye au XIXe s., gravure du Baron de Wismes.

FONTEVRAUD

La perle des abbayes

Qui aurait voulu de ce bout de terre concédé en 1101 à Robert d'Arbrissel par les seigneurs de Montsoreau et de Montreuil-Bellay, vallon boisé perdu entre Tours, Angers et Poitiers, terre inculte et solitaire dont on disait : « Entre Candes et Montsoreau ne paîtra ni vache ni veau » ? Il y coule pourtant la fontaine d'Évraud, dont le trop-plein se déverse dans un ruisseau. Et c'est ici, à Fontevraud, devenu plus tard Fontevrault, que va naître l'une des plus puissantes abbayes de France. La légende veut qu'Évrault ait été un bandit de grand chemin réfugié là, dans la solitude de la forêt, et converti par Robert d'Arbrissel.

UNE FEMME À LA TÊTE DE L'ORDRE

Ce Robert d'Arbrissel n'est pas un inconnu. Fils de prêtre, il a été archiprêtre du diocèse de Rennes. Il a aussi prêché en 1096 à Angers, devant le pape Urbain II, après s'être retiré du monde dans la forêt de Craon, aux confins du Maine et de l'Anjou.

Nous sommes à la fin du XIe siècle. Le monachisme occidental est en plein désarroi. Robert

d'Arbrissel avant Bernard de Clairvaux (1090-1153) en devient le grand réformateur, dénonçant violemment le luxe de Cluny et « ces cloîtres remplis du bruit des affaires et quelquefois accueillant des femmes ».

Il crée sur le site de Fontevraud quatre prieurés de femmes et un prieuré d'hommes. Les femmes sont soumises à la règle de saint Benoît et les hommes à celle de saint Augustin car les principaux frères provenaient de l'abbaye de La Roë, de l'ordre de saint Augustin, abbaye dont il est le fondateur. Ils ne sont pas moines, ils peuvent circuler, être curés de paroisse, ils sont frères.

Très vite, la petite chapelle originelle ne suffit plus à accueillir la foule des disciples, parmi lesquels de nombreuses femmes. Autour de l'abbatiale, consacrée en 1119 par le pape Calixte II, cinq quartiers sont disposés qui possèdent chacun sa chapelle ou son église : le Grand Moûtier, où vivent les religieuses de chœur en habit blanc ; Saint-Jean-l'Habit, où demeurent les hommes, en habit noir ; la Madeleine, réservée aux filles repenties ; Saint-Benoît, destiné aux infirmes ; enfin Saint-Lazare, où sont les lépreux.

Robert d'Arbrissel ne reste pas à Fontevraud. Il reprend ses voyages, au cours desquels il fonde de nombreux prieurés. À la fin de sa vie, fait

Le dallage de la salle capitulaire est aux armes des Bourbons et de François Ier (1541-1543).

L'une des plus vastes cités monastiques d'Occident. Étrange destin qui devait transformer Fontevraud en cité carcérale après la Révolution, et cela jusqu'en 1963.

Cloître Sainte-Marie ou grand cloître. C'est en effet l'un des plus vastes de France. Sa galerie méridionale évolue entre le gothique flamboyant et la Renaissance. Il fut achevé sous l'abbesse Louise de Bourbon (1533-1575) alors qu'il avait été commencé par sa tante Renée (1491-1533).

exceptionnel pour l'époque, il nomme à la tête de l'ordre une femme, l'abbesse Pétronille de Chemillé. Le 25 février 1117, il meurt à Orsan, en Berry. Son corps est alors rapatrié à Fontevraud et inhumé dans l'église abbatiale, face au grand autel.

Une véritable ville monastique

Dès sa fondation, l'abbaye bénéficie du soutien des papes, mais elle se développe surtout grâce aux libéralités des comtes d'Anjou devenus Plantagenêts et rois d'Angleterre.

Le premier à s'intéresser à Fontevraud est Foulque le Jeune qui, sans doute poussé par sa mère la reine Bertrade, veuve du roi Philippe Ier, se montre très généreux pour l'abbaye et l'ordre fontevriste. Trente ans après la mort du fonda-

Monumentales cheminées des cuisines de Fontevraud, les seules cuisines romanes qui nous soient parvenues. Elles furent fidèlement restaurées en 1904. La hotte octogonale qui les coiffent est haute de 27 m.

Sceau d'Henri II.

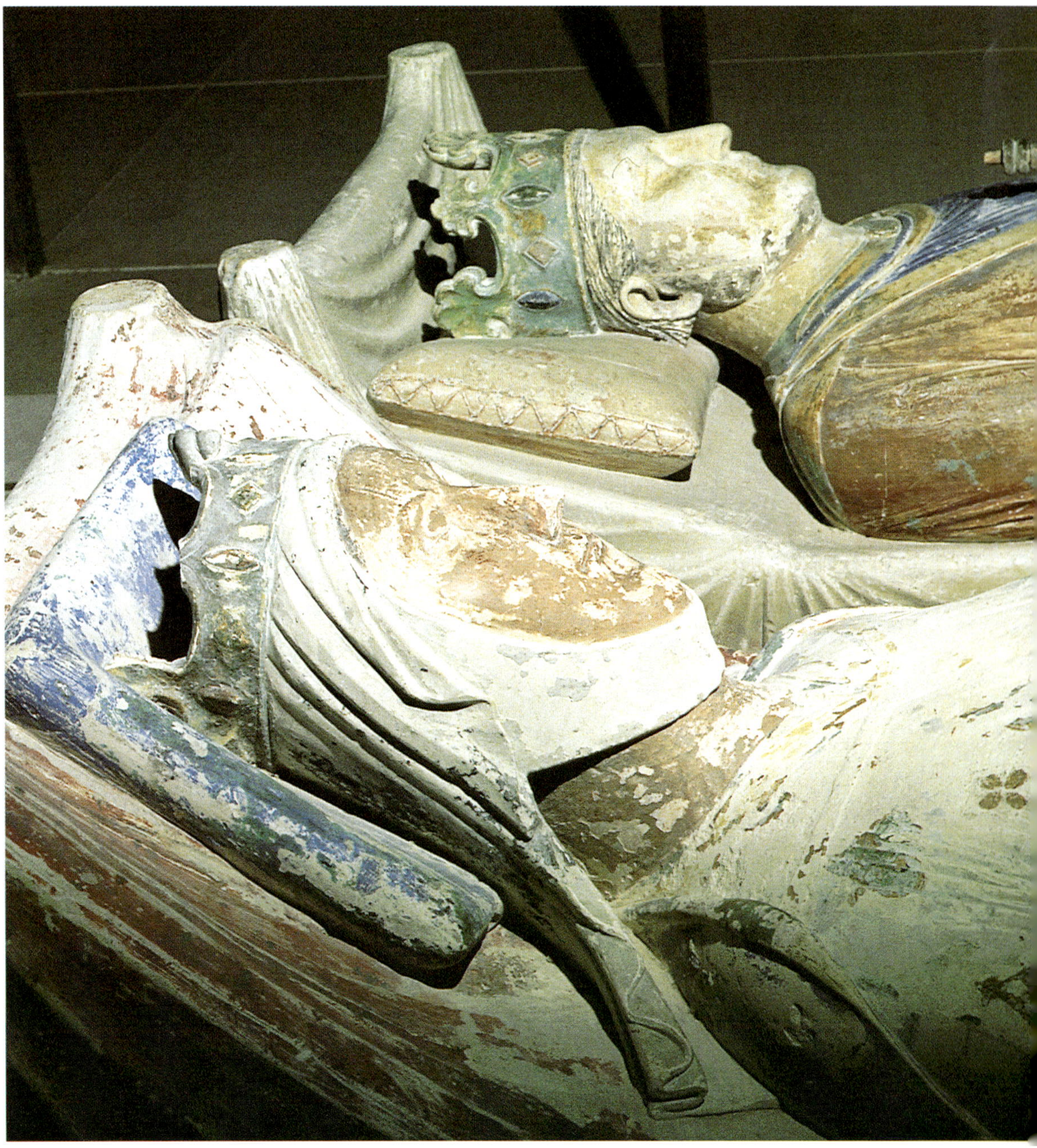

Les gisants polychromes d'Aliénor et d'Henri II, roi d'Angleterre, duc de Normandie, comte d'Anjou et duc d'Aquitaine par son mariage avec Aliénor en 1152.

teur, de séjour à Fontevraud, Suger, abbé de Saint-Denis, y découvre une véritable ville monastique, placée sous la direction d'une femme, comme l'exige la règle. Au XVIIe siècle, l'ordre de Fontevraud devient l'un des plus puissants de France : il possède, sur trente-quatre diocèses, plus de cinquante prieurés et quelque quarante cures et chapelles.

La reine des abbesses

L'abbesse, élue parmi les religieuses, est en général la plus noble et la plus titrée d'entre elles. Car à Fontevraud on ne recrute que dans les rangs de l'aristocratie, voire de la famille royale. Ainsi, sur les trente-six abbesses que compte l'ordre, quinze sont de sang royal. L'année 1686 voit arriver à Fontevraud la femme peut-être la plus lettrée du royaume : Gabrielle de Rochechouart-Mortemart, sœur de Mme de Montespan, qui entretient d'étroites relations avec tous les grands écrivains et artistes de son temps. Le rayonnement intellectuel inégalé dont elle fait ainsi bénéficier Fontevraud la fera surnommer la reine des abbesses. Et c'est à sa nièce, Louise de Rochechouart, qu'en 1738 Louis XV confie l'éducation de ses quatre filles.

Vue de l'intérieur des cheminées des cuisines. Leur nombre montrent l'importance de l'abbaye, sans oublier qu'elles servaient aussi de fumoir pour conserver viandes et poissons.

Nul ne le conteste, Fontevraud était à l'époque la plus riche et la plus célèbre des abbayes de France. Elle le restera jusqu'à la Révolution, où, devenue bien national, elle sera vendue en lots dont on fera des carrières de pierres. Le Grand Moûtier, trop grand pour trouver acquéreur, sera pillé et transformé en maison de détention sous le premier Empire. Et cela jusqu'en 1963, date à laquelle les bâtiments sont confiés aux Monuments historiques. L'abbaye ne deviendra pas le centre culturel international que voulait en faire Maurice Druon, mais, plus modestement, le Centre culturel de l'Ouest, « lieu de rencontre et d'échange à l'écart du courant et du quotidien », selon les termes de l'historien.

La nécropole angevine des rois d'Angleterre

Les Plantagenêts, on l'a vu, ont, à l'instar des rois de France à Saint-Denis, fait de Fontevraud leur nécropole angevine. À l'origine, c'est au cœur même de l'abbatiale, près du tombeau de Robert d'Arbrissel, que se trouvaient les tombes royales, surmontées chacune d'une statue. Aujourd'hui, il ne reste plus que quatre gisants (repeints en 1849), déposés au centre de la nef. Une polémique resurgit régulièrement d'un éventuel retour en Angleterre.

Sceau de Richard Cœur de Lion, roi d'Angleterre de 1189 à 1199. Son gisant est également à Fontevraud, alors que celui de sa jeune femme délaissée, Bérangère de Navarre, repose à l'abbaye de L'Épau, près du Mans.

La salle capitulaire, divisée en six voûtes par deux colonnes médianes, est décorée de peintures murales du XVIᵉ s. représentant des scènes de l'Évangile. Des portraits d'abbesses y ont été ajoutés. Le carrelage est également d'origine.

Sculpture de la salle capitulaire illustrant la légende de saint Nicolas.

Accès

À 15 km au sud de Saumur.

Visites

Du 1er juin au 3e dimanche de septembre : 9h à 19h.
Le reste de l'année : 9h30 à 12h30 et 14h à 18h.
Fermé les 1er janvier, 1er et 11 novembre, 25 décembre.

Tél. 41 51 71 41

À ne pas manquer

- L'église abbatiale,
- la nécropole des Plantagenêts,
- la salle capitulaire,
- la cuisine.

Concerts

Stages de chant grégorien

Exposition sur l'architecture de l'abbaye

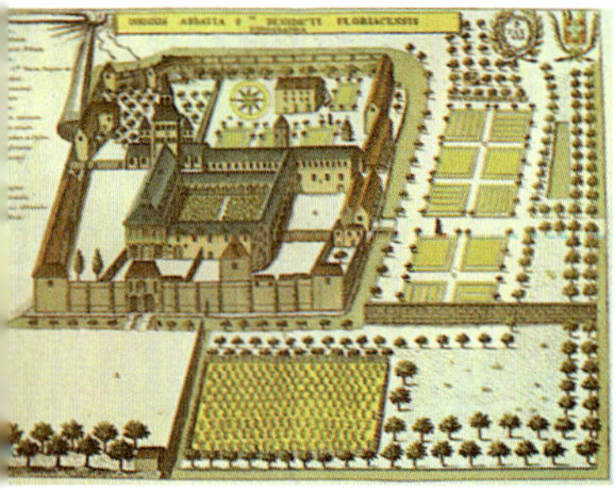

Le monastère d'après une gravure du XVIIIᵉ s.

Saint-Benoît-sur-Loire

Un exemple pour toute la Gaule

Jamais abbaye ne fut plus proche de son fleuve. Regardez-le s'étirer paisiblement entre ses grèves de sable blond... Pourtant, attention à ses réveils brusques et violents, à ses crues capables de transformer la vallée en mer sombre et menaçante. À l'image de son fleuve, Saint-Benoît a su apaiser les âmes, mais elle a aussi bouleversé les consciences et bousculé les idées reçues. Rien d'étonnant à ce que Max Jacob, poète à la fois dandy et mystique, soit venu y chercher la paix de l'âme.

Un vol de reliques

L'histoire du site se perd dans la nuit des temps. Rendez-vous des druides en pays carnute, le lieu était considéré par les Gaulois comme le centre du monde. Et c'est le vol des reliques de saint Benoît de Nursie, père du monachisme occidental, mort au Mont-Cassin vers 547, qui le fit entrer dans la légende du christianisme.

Le monastère Saint-Pierre de Fleury est fondé en 630 par Leodebold, abbé de Saint-Aignan d'Orléans, à proximité de sa ville. Un des moines de Fleury, envoyé par l'abbé saint Mommole et vénéré plus tard sous le nom de saint Aygulphe, se rendit au Mont-Cassin, ruiné par les Lombards et abandonné, où était enterré le fondateur de l'ordre bénédictin. Ainsi récupérées par Fleury, les reliques du saint furent déposées dans l'église dédiée à la Vierge – aujourd'hui basilique. C'était compter sans la violente réaction du pape Zacharie : quatre-vingts ans plus tard, celui-ci intervenait auprès des évêques de Gaule, demandant que l'on fasse bon accueil aux moines du Mont-Cassin venus reprendre les ossements du saint, « enlevés furtivement de son tombeau ». On ne leur remit pourtant que des fragments, et les reliques restèrent à Fleury, qui prit alors le nom de Saint-Benoît et devint très vite un lieu de pèlerinage placé directement sous la protection des rois de France, notamment des premiers Capétiens. L'un d'eux, Philippe Iᵉʳ (1060-1108), y est d'ailleurs inhumé.

Un centre de culture

Saint-Benoît connaîtra deux périodes très brillantes. À l'époque carolingienne d'abord, sous l'abbatiat de Théodulf, ami de Charlemagne, à la fois érudit, poète, amateur d'art et architecte, à qui l'on doit l'une des plus anciennes églises de France (IXᵉ siècle), construite sur le domaine de l'abbaye Germigny-des-Prés. Lui et ses successeurs feront de Saint-Benoît un centre d'activité intellectuelle de grand rayonnement, en créant des écoles, des ateliers d'écriture, ainsi qu'une immense bibliothèque dont la réputation atteindra l'Angleterre et l'Italie.

Pourtant, cette prospérité ne survivra pas aux raids normands, qui ouvriront une longue période de décadence, jusqu'à ce que, sous l'autorité d'Odon de Cluny, des réformes soient énergiquement mises en œuvre.

La tour-porche évoque l'Apocalypse dans son architecture et ses chapiteaux. Son plan rappelle la Jérusalem nouvelle : elle est carrée et comporte douze portes qui ne se ferment pas parce qu'ici il n'y a ni jour ni nuit.

Sans doute la plus célèbre basilique romane de France, longue de 73 m sans la tour, large de 17 m et haute de 24. L'abside, avec ses quatre chapelles rayonnantes, reprend le plan de la crypte à laquelle est est superposée.

Ce chapiteau de la façade du porche est signé « Umbertus me fecit », *« Umbert m'a fait. » Serait-il le maître d'œuvre de la tour ?*

Les 54 chapiteaux des colonnes de la tour-porche sont ornés de palmettes, de feuilles d'acanthe, d'animaux, de combats d'hommes, de monstres ou de scènes de l'Apocalypse, de l'histoire de saint Martin, de la fuite en Égypte, etc. Extraordinaires sculptures ciselées dans la belle pierre dorée du Nivernais.

Les Bénédictins se sont réinstallés en 1944 à Saint-Benoît. Ils accueillent hommes et femmes pour des séjours de réflexion ou d'étude. Ici, le verger du monastère.

Détail du chapiteau : la Visitation.

L'Âme partagée, *entre le démon et le bon ange, entre le mal et le bien.*

Une prouesse architecturale sans précédent

Le rayonnement de Saint-Benoît atteint son apogée au XIe siècle, sous les abbatiats d'Abbon, savant et littérateur, grande figure de l'an mille, et surtout de Gauzlin, demi-frère de Robert le Pieux (996-1031), dont le règne, marqué par d'horribles famines et de perpétuelles guerres féodales, sera relaté par son biographe officiel, le moine de Saint-Benoît Helgaud.

Les deux abbés consacrent leur vie à lutter pour les libertés monastiques et à agrandir l'immense domaine abbatial. Après l'incendie de 1026, ils reconstruisent et embellissent les bâtiments conventuels et les églises. À Gauzlin, mort en 1030, on doit l'imposante tour-porche de plan carré qui porte son nom et qui est aujourd'hui le plus ancien vestige de Saint-Benoît. Gauzlin avait demandé à l'architecte d'en faire « une œuvre telle qu'elle soit un exemple pour toute la Gaule » ; et c'est ce qu'elle deviendra, grâce à une parfaite maîtrise des techniques architecturales et à la grande qualité des pierres qui, une fois taillées, épousent à la perfection la forme du mur, de l'arc, de la colonne ou de la voûte. L'étage crénelé servant de beffroi sera abattu sur ordre de François Ier, suite à l'insurrection des moines contre le cardinal Duprat, abbé commendataire qu'il leur a imposé, puis remplacé au XVIe siècle par une toiture d'ardoise.

À gauche, la salle du chapitre, construite il y a une vingtaine d'années autour du puits de l'ancien cloître.

Au cours des XIe et XIIe siècles, les abbés se succèdent. Guillaume (1067-1088) entreprend la construction du chœur et du transept actuels, aux dimensions exceptionnelles pour l'époque : le chœur en hémicycle est couvert, à 20 mètres du sol, d'une voûte de 10 mètres de portée. Un véritable exploit technique !

Et la lumière fut : la belle lumière des bords de Loire, qui embrase les hautes futaies de pierre d'une des plus vastes basiliques de son temps, inonde le sanctuaire par sept baies encadrant l'autel. Innovation rendue possible par une prouesse architecturale sans précédent : la construction d'un déambulatoire courant le long du chœur à mi-hauteur. Cette sorte de couloir circulaire appelé « triforium » (celui-ci est le premier que l'on connaisse) donnera aux églises voûtées leur stabilité, et cela jusqu'aux grandes cathédrales du XIIIe siècle.

Au XIIe siècle, en 1103, l'abbé Simon puis l'abbé Macaire en 1147, imposèrent tous les prieurés dépendants pour l'entretien de la bibliothèque, longtemps considérée comme la plus riche d'Occident. Mais à la fin du XIIIe siècle, l'abbaye parvient tout juste à nourrir quarante-cinq moines. Lorsque le 22 juin 1427, après la prise d'Orléans, Jeanne d'Arc y vient en pèlerinage en compagnie de Charles VII, on ne compte plus que vingt-quatre moines.

Chapiteau des serpents-dragons. Sans doute sensible aux suggestions perverses du serpent, symbole d'orgueil, le personnage de droite tire fortement la barbe de celui de gauche, figurant ainsi la victime du mal.

Chapiteau corinthien à feuilles d'acanthe.

Les stalles du chœur où les moines viennent six fois par jour chanter la louange de Dieu. Elles furent exécutées en 1413, en pleine guerre de Cent Ans, à la demande de l'abbé Bégon de Murat.

L'ABBÉ SE CONVERTIT AU PROTESTANTISME

En 1486 s'installe le système pervers de la commende, avec, comme premier abbé commendataire, Jean de La Trémoille. Lui et le cardinal Duprat, dont l'arrivée suscite la révolte des moines, entreprennent quelques travaux mineurs. Lors des guerres de Religion, l'abbé Odet de Coligny se convertit au protestantisme dès 1562, sans pour autant empêcher le pillage de son abbaye. Le trésor est fondu, les quelque deux mille manuscrits de la bibliothèque sont vendus et dispersés. Il faut attendre 1627 et les importantes réformes de la congrégation de Saint-Maur pour que Saint-Benoît retrouve son éclat. Des charges allégées et une meilleure gestion des terres rétablissent les finances de l'abbaye. Il devient alors possible de confier à

Le tympan du portail nord, très mutilé, représente le Christ en majesté. Dans la partie inférieure, un grand linteau montre le transfert des reliques de saint Benoît à l'abbaye de Fleury.

Vierge à l'Enfant en albâtre, du XIVe s. Située dans le transept, elle fait l'objet d'un pèlerinage le 8 septembre.

Le chœur roman de six travées est exceptionnellement profond. Il est précédé d'un vaste transept entouré d'un déambulatoire à quatre chapelles, caractéristique des églises construites pour les pèlerinages et les processions.

Guillaume de La Tremblaye l'édification de nouveaux bâtiments conventuels – qui disparaîtront tous au début du premier Empire. Après la Révolution, la basilique devient église paroissiale, ce qui la sauve sans doute de la démolition. Elle sera classée en 1838. Une première tentative de restauration avait été entreprise dès 1865, mais fut anéantie par les lois sur les congrégations. En 1944, des moines de La Pierre-qui-Vire s'y installent et y rétablissent une vie monastique régulière.

Max Jacob à Saint-Benoît

D'origine juive, Max Jacob est né à Quimper en 1876. En 1915 il se convertit au catholicisme et reçoit le baptême au couvent de Sion, avec Picasso pour parrain. Ce poète à la fois fantasque et pathétique, dandy et mystique, décide en 1936 de quitter définitivement Paris pour aller vivre dans un bourg riverain de la Loire et réputé pour son ancienne abbaye : Saint-Benoît-sur-Loire.

Saint-Benoît-sur-Loire-de-Vieille-Vigne
Prolonge en Orléanais
Ta plaine calme et la Loire bénigne
Me font oublier Paris et ses attraits

En fait, depuis 1921, le poète hante déjà ce lieu propice à la méditation, mais sans réussir à s'y fixer, tant lui pèse la solitude et lui manquent les attraits de Paris. Lorsqu'il vient, il est hébergé gracieusement par le curé du village dans une cellule de l'abbaye, son rôle consistant à faire visiter les lieux, tout en continuant à écrire et à peindre. Puis il s'installe définitivement dans une chambre louée à l'année, au 63, rue Orléanaise.

Au regard de son caractère instable, oscillant toujours entre le goût du paraître et un ardent désir de purification, cette décision peut paraître héroïque. Mais n'est-ce pas parce qu'il pressentait les jours tragiques qui allaient ensanglanter le monde qu'il s'est enfin fixé à l'abri des murs de l'abbaye dont il s'était épris depuis longtemps ? Non pour échapper à la mort, mais pour s'y préparer. Malgré sa grande fantaisie, la poésie de Max Jacob est en effet souvent une forme de célébration de cet inéluctable office.

Ni Dieu ni les moines de l'abbaye n'y pourront rien : en 1944, Max Jacob sera arrêté à Saint-Benoît et conduit au camp de concentration de Drancy, où il trouvera la mort. Il est enterré dans le cimetière du village.

Le gisant du roi de France Philippe Ier date du XIIIe s. La tête couronnée, un gant dans la main gauche, un lion à ses pieds, il repose sur quatre lions. On aperçoit le dallage de porphyre et de marbre provenant d'Égypte, de Grèce et d'Italie qui date du XVIe s. Il est composé de dessins géométriques et de soleils (œuvre romaine des IVe et Ve s.).

Accès
À 37 km au sud-est d'Orléans.

Visites
De Pâques à fin octobre : horaires variables affichés à l'entrée.
Pas de visite pendant la semaine sainte.

Tél. 38 35 72 43

À ne pas manquer
– Le clocher-porche et ses chapiteaux,
– le chœur de la basilique,
– la crypte.

Offices en grégorien
Artisanat

Chapiteau du cloître : en total contraste avec la sobriété de l'église, il possède une abondante ornementation.

Noirlac

Les très riches heures d'une abbaye berrichonne

L'abbaye de Noirlac doit-elle son nom aux eaux noires du bras du Cher qui y faisait tourner deux moulins et en alimentait les pêcheries ? À l'origine, pourtant, Noirlac portait le nom prédestiné de Maison-Dieu-sur-Cher. Isolé au cœur du Berry, en lisière de la forêt de Meillant, non loin de Saint-Amand-Montrond, c'était un endroit sinistre et marécageux. En 1136 s'y implanta un groupe de moines venus de Clairvaux, animés par l'esprit cistercien : austérité, dépouillement, isolement. La petite communauté, conduite par Robert, neveu de saint Bernard, fonda ainsi l'une des cinq cent vingt-cinq maisons cisterciennes que comptait l'ordre en Europe au milieu du XIIe siècle.

L'intervention de Bernard

Tout était à faire. « Une fois taillée et écartée la masse touffue des bois et des ronces, ils entreprirent de construire à cet endroit même le monastère... Ayant établi des granges au service de l'agriculture, ils décidèrent qu'elles seraient confiées aux convers plutôt qu'aux religieux car la sainte règle dit : « l'habitation du moine, c'est le cloître » *(Petit Exorde de Cîteaux)*. Cela dura quinze ans. Mais comme rien n'avançait

vraiment, Bernard, inquiet, crut devoir intervenir auprès du « père de la patrie », à savoir Suger, abbé de Saint-Denis, qui assurait la régence pendant la deuxième croisade. La couronne n'offrit pourtant aucun subside, et c'est un seigneur local, Ebbe de Charenton, de la maison berrichonne des princes de Déols, qui fournit argent et terres.

Un souci constant de dépouillement

Tout ensuite alla très vite. Les travaux débutèrent par le chœur, le transept et les deux dernières travées de la nef. Là aussi, la règle cistercienne se traduisit par un souci constant du dépouillement : chevet plat, voûte en berceau, absence de décoration sculptée ou peinte. À la fin du XIIe siècle, l'église, la salle capitulaire et une partie du cloître sont achevées.

Au XIIIe siècle, on entreprend de construire le réfectoire et les cuisines. Le cloître est remanié, ce qui permet aujourd'hui de juger de l'évolution de l'art gothique : arcades en tiers-point dans les premières travées (fin du XIIIe siècle) et ogives à redent dans la galerie (XIVe siècle). Le cloître de Noirlac est considéré comme un des plus beaux de l'ordre. L'abbaye, dotée de terres immenses, devient une véritable ville monastique avec ses dépendances, ses chapelles, ses métairies, ses granges, ses moulins à drap et à blé, ses pêcheries, son cimetière et ses lieux conventuels entourés d'une vaste clôture.

À l'aile du réfectoire était accolée la cuisine. Le bâtiment a disparu en 1725. Il en reste les cheminées, sous forme de petites tourelles.

Une abbaye forteresse

L'abbaye, connue désormais sous le nom de Noirlac, entre alors dans la période troublée de la guerre de Cent Ans. La troupe anglaise – menée par le redoutable Prince Noir, prince de Galles et fils d'Édouard II, qui le 19 septembre 1356 écrasera l'armée de Jean II à Poitiers – occupe l'abbaye. Ses hommes se conduisent comme les routiers des Grandes Compagnies,

Cloître gothique datant des XIIIe et XIVe s. C'est un vaste quadrilatère de 38 et 33 m de côté qui remplaçait un cloître primitif contemporain de l'église.

À gauche, l'aile des moines, comprenant au rez-de-chaussée la sacristie et la salle capitulaire, et au-dessus le dortoir, aménagé en cellules au XVIIe s.

bandes de brigands qui dévastent le royaume. C'est ainsi que Noirlac se transforme en place forte : un donjon carré cerné de fossés et pouvant accueillir une petite compagnie commande l'entrée du cloître.

La Fronde fait pire que les huguenots

Au XVIe siècle, Noirlac, comme bien d'autres établissements monastiques, voit sa discipline se relâcher et ses effectifs se réduire. L'abbaye

Le réfectoire est éclairé par quatre baies surmontées de deux roses à six globes.

Le réfectoire, vaste salle gothique haute de plus de 9 m. Il est couvert de huit voûtes d'ogives dont les arcs retombent en palmier sur trois colonnes. On y remarque la banquette en pierre de taille courant le long du mur et servant de siège aux moines pour les repas.

supporte mal le système de la commende, institué en 1510. L'abbé en effet n'est plus élu démocratiquement, comme le voulait la règle bénédictine, mais nommé par le roi. Avant de s'installer en 1717 à l'hôtel Saint-Vic de Saint-Amand, les abbés commendataires doivent, deux siècles durant, cohabiter avec les moines dans l'ancien bâtiment des convers, situé au-dessus du cellier et transformé en logis abbatial.
Les guerres de Religion, avec leurs lots d'attaques huguenotes, sont pour Noirlac une nouvelle source de dégradation, sans commune mesure cependant avec les dégâts provoqués par la Fronde au milieu du XVIIe siècle. D'abord révolte de parlementaires, la Fronde – du nom d'un jeu d'enfant alors à la mode – contraint la régente Anne d'Autriche à fuir Paris en compagnie de Louis XIV enfant. Elle se transforme alors en « fronde des princes ». À sa tête : « Monsieur le Prince », prince de Condé, qui s'oppose à la régente. Mais les frondeurs commettent tant d'exactions que les Parisiens supplient le roi et Mazarin de revenir dans la capitale. Poursuivi par les troupes royales, Condé se réfugie dans sa puissante forteresse de Montrond, toute proche de Noirlac, avant de « trahir » et de rejoindre les rangs des troupes espagnoles.
Comble de malchance, une série de catastrophes naturelles vient encore aggraver la situation : l'année 1723 est ponctuée d'un tremblement de terre et d'inondations.

Des chambres individuelles remplacent le dortoir

En 1724, des fonds sont rassemblés pour réparer et reconstruire l'abbaye. Après six ans de travaux, confiés à un entrepreneur local, Charles

La salle capitulaire qui s'ouvre sur le cloître est divisée en cinq travées reposant sur des colonnes polygonales. Elle se situe entre la sacristie et le chauffoir.

Duchet, les moines s'estiment satisfaits : « Le projet, disent-ils, a été si heureusement exécuté que l'église, les bâtiments, les lieux réguliers ont été pour la plupart plus construits à neuf que réparés. » Certains sont même tout simplement démolis, comme le donjon et le réfectoire convers, trop endommagés. L'austérité cistercienne s'accommode alors d'aménagements plus que confortables. En lieu et place du dortoir des moines, on installe des chambres individuelles, avec boiseries et cheminée. L'église est elle-même richement redécorée. À l'emplacement des anciennes pêcheries, on dessine des jardins et, pour consolider la colline nord, on aménage des terrasses plantées.

Un entrepôt de fours dans l'église

À la veille de la Révolution, Noirlac, en parfait état, n'abrite plus que quelques moines. Elle est vendue comme bien national, pour 15 000 livres, à Anatole-Jean Desjobert, qui transforme les somptueux bâtiments en manufacture de porcelaine. L'église se convertit en entrepôt de fours.

En 1862, le site est classé monument historique, et, en 1890, les sœurs de Lugny s'y installent provisoirement. En 1907, le département du Cher acquiert Noirlac pour en faire un centre de colonies de vacances et d'hébergement, qui en 1936 accueille des réfugiés espagnols.

En 1949 commence une importante campagne de restauration. Trente ans seront nécessaires pour redonner aux bâtiments leur austère beauté toute cistercienne. Les travaux s'achèveront en 1977 par la pose de vitraux modernes sur les fenêtres et rosaces de l'église et du réfectoire, heureuse association entre l'art contemporain et le dépouillement traditionnel des lieux.

Accès

À 40 km au sud de Bourges.

Visites

Du 01/04 au 30/09 :
9h45 à 12h
et 13h45 à 18h30.
Du 01/10 au 31/03 :
9h45 à 12h
et 13h45 à 17h
(sauf le mardi).
Fermé le 25 décembre et 1er janvier.

Tél. 48 96 23 64

À ne pas manquer

- Le dortoir,
- le réfectoire,
- la salle capitulaire,
- le cellier.

Centre de l'enluminure et de l'image médiévale

Ci-dessus, chambre à alcôve destinée aux hôtes de l'abbaye au XVIIIe s.

Ci-dessous, l'une des trois pièces de l'appartement aménagé pour le prieur.

Page ci-contre, chevet de l'église abbatiale. Cet édifice roman a été commencé par le chœur à cinq chapelles rayonnantes, édifié vers 1120 et suivi par le transept, la nef et la façade. Seule la nef, détruite en 1569, a été restaurée à la fin du XIXᵉ s.

Le chœur, très vaste, est de type bénédictin à déambulatoire. Conçu pour une liturgie processionnelle, il exploite les solutions architecturales romanes.

Fontgombault

Autour de Pierre de l'Étoile

Vers l'an mille, vivait sur la rive gauche de la Creuse un ermite du nom de Gombault près d'une fontaine (fons). C'est ainsi que commence l'histoire de l'abbaye de Fontgombault. Si l'origine érémitique ne fait aucun doute, il est en revanche bien difficile de dater précisément l'édification de l'abbaye. En 1569, les protestants brûlèrent les archives. Il faut donc se reporter à la première mention de Fontgombault en 1091 dans la chronique de saint Maixent, abbé d'une communauté monastique en Poitou.

L'austérité des origines

C'est donc au carrefour de trois provinces, le Berry, le Poitou et la Touraine, que se retire Pierre de l'Étoile, premier abbé de Fontgombault. Il est très lié aux grandes figures qui marquent profondément le renouveau monastique de cette fin du XIᵉ siècle, dont Robert d'Arbrissel, fondateur de Fontevraud. L'aspiration à une vie plus solitaire, quasi érémitique, entraîne certaines âmes vides de perfection à se dégager le plus possible des contingences économiques et politiques. Des communautés entendent revenir à la lettre de la règle de saint Benoît spécialement quant à la pratique du travail manuel. Le grand souffle de ferveur pousse nombre de moines à retrouver ainsi la pureté et l'austérité des origines.

Autour de Pierre de l'Étoile se réunissent d'autres solitaires qui, comme lui, choisissent de vivre loin de tout, dans l'inconfort des grottes qui truffent les bords de la Creuse. Ils se retrouvent sept fois par jour, selon la règle de saint Benoît, pour célébrer la liturgie, dans une petite chapelle dédiée à saint Julien, premier évêque du Mans. Mais bientôt, l'essor de la communauté oblige à l'édification d'un monastère, dédié à la fois à la Vierge et à saint Julien, grâce à de nombreuses largesses seigneuriales.

La consécration de l'abbatiale a lieu en 1141, date avancée par les historiens du XIXᵉ siècle. Il semblerait que les bâtiments conventuels aient été achevés bien avant cette date car Pierre de l'Étoile (dont la dalle funéraire a été transportée dans l'église en 1954) fut inhumé en 1114 dans la salle capitulaire.

Dans le courant ligérien

L'abbatiale construite est l'un des plus beaux édifices romans du centre de la France. Sa galerie haute autour de l'église permet de la situer entre les églises de pèlerinage du XIᵉ siècle, entourées de tribunes et ce que seront les cathédrales gothiques du siècle prochain, ceintes d'un triforium. La pureté de lignes du chœur et du transept, dominé à la croisée par une tour carrée massive, place Fontgombault dans le courant architectural ligérien.

Trois siècles de prospérité suivent l'édification de l'abbaye. Durant la guerre de Cent Ans, l'abbatiale est fortifiée. Sa façade se renforce d'une échauguette munie de mâchicoulis et de meurtrières.

À la fin du XVIIᵉ siècle, dom Andrieu, prieur de Fontgombault et auteur d'une histoire de l'abbaye, entreprend une sérieuse restauration, rendue nécessaire par le saccage des protestants : réfection des bâtiments conventuels, du chœur et du transept. Mais l'église est de nouveau mutilée. Elle fait même l'objet d'un commencement de démolition pendant la Révolution.

Le retour des moines

Abandonnée après la Révolution dans un état de quasi-ruines, c'est à l'initiative d'un prêtre, P.M. Lenoir que Fontgombault retrouve une partie de sa splendeur. La nef est reconstruite, une nouvelle toiture recouvre le chœur et le transept. L'abbaye ne retrouve sa vocation originelle qu'en 1948, avec le retour des bénédictins : la ferveur du chant grégorien venant réchauffer, dans ce chef-d'œuvre de l'art roman, l'idéal austère prôné par Pierre de l'Étoile, le fondateur.

Accès

À 8 km au nord-ouest du Blanc.

Visites

Toute l'année en dehors des offices.

Tél. 54 37 12 03

À ne pas manquer

– L'architecture caractéristique de l'art roman.

Offices en grégorien

Poterie, icônes

Produits fermiers

Mozac

Haut lieu de la sculpture romane auvergnate

Trois des quarante-huit chapiteaux de la nef et du bas-côté nord de l'église. Sans doute les plus célèbres dans l'histoire de l'art roman. Ils dateraient des années 1160-1165.

Ci-dessus, l'Histoire de Jonas.

Ci-dessous, Atlantes *ou l'arbre de vie.*

Page suivante, l'Apocalypse de saint Jean.

Mozac est d'origine mérovingienne, comme la plupart des grands monastères auvergnats. Certains situent sa fondation par Calminius – saint Calmin, personnage énigmatique dont on connaît mal les dates – au temps de Thierry III (673-691). L'histoire de Calminius ne sera écrite que bien plus tard, au XIIe siècle, peu de temps après la violation de sa sépulture par les soldats de Louis le Gros en 1126. Il est en tout cas très riche, ce qui lui permet de soulager la misère et de fonder des monastères. Pourtant l'histoire, la vraie, ne semble reconnaître qu'un seul Calminius, ami de Sidoine Apollinaire, évêque de Clermont à la fin du Ve siècle...

Des reliques transportées sur les épaules du roi d'Aquitaine

En 848, Mozac est au cœur d'un événement considérable : le transfert, depuis l'abbaye voisine de Volvic, des reliques de saint Austremoine, premier évêque de Clermont et évangélisateur infatigable de l'Auvergne. Le transfert se fait à dos d'homme. Or, la tradition veut que Pépin II, roi d'Aquitaine, ait lui-même transporté les précieuses reliques sur ses épaules, dans la neige, jusqu'à Mozac. Ainsi dotée, l'abbaye voit son avenir assuré. Trois siècles durant, elle connaîtra richesse et renommée.

Ravagée par un tremblement de terre

À la fin du XIe siècle, la discipline s'est tant relâchée qu'en accord avec le comte d'Auvergne, l'évêque de Clermont décide de rattacher Mozac à Cluny en 1095.

D'où un nouveau départ pour l'abbaye, magnifiquement illustré par la construction de l'église romane. L'homogénéité du style suggère une édification rapide. Avec ses 60 mètres de long, elle est considérée comme la plus vaste des églises romanes après celle d'Issoire.

Malheureusement, la région connaît au XVe siècle un catastrophique tremblement de terre. Une grande partie de l'abbatiale est détruite. Elle sera restaurée en style gothique, par l'abbé Raymond de Marcenat (1459-1470). Par miracle, quarante-huit chapiteaux subsistent, tous différents, tous intacts, tous œuvres d'art, sans doute les plus beaux d'Auvergne. Quant à la châsse de saint Calmin, sauvée miraculeusement de la cupidité des révolutionnaires, c'est actuellement la plus grande châsse médiévale connue.

À droite, détail de la châsse de saint Calmin, chef-d'œuvre de l'émaillerie limousine. Elle fut exécutée par Pierre de Marsac en 1168.

Accès

À 17 km au nord de Clermont-Ferrand.

Visites

Du 01/05 au 01/10 : 9h à 19h.

Tél. 73 38 12 03

À ne pas manquer

- Les chapiteaux de l'église,
- la châsse de saint Calmin.

IACO BVS
PAV LVS

Ci-dessous, gravure du XVIIIᵉ s. illustrant le monastère de bénédictines vu de la Sénouire.

Ci-contre, sculpture en bois polychrome du réfectoire datant du XVIIᵉ s.

Ci-dessous, gravure de 1830 représentant le cloître. Il a conservé sa charpente et est surmonté d'un étage de bois. Ses arches en plein cintre sont supportées par des colonnettes torses ou lisses, octogonales ou cylindriques.

Page de droite, à la Révolution, Lavaudieu échappe aux destructions : seul le clocher octogonal voit sa flèche décapitée et sa croix remplacée par un bonnet phrygien servant de girouette. L'une des cloches fondues à Lavaudieu en 1887 passe pour avoir le « don » de disperser les nuages de grêle.

Lavaudieu

La vallée de Dieu

Au bord de la Senouire, qui descend de La Chaise-Dieu pour se jeter dans l'Allier, il existait, au débouché de la vallée, près de l'ancienne léproserie de La Bajasse, une petite église dédiée à saint André, que possédait Raoul de Lugeac. En 1050, celui-ci en fit don à Robert de Turlande, le fondateur du monastère bénédictin de Casa Dei (La Chaise-Dieu), qui voyait affluer les vocations féminines sans malheureusement pouvoir les accueillir. Cette donation fut une aubaine, car elle lui permit d'édifier un monastère de femmes à bonne distance de La Chaise-Dieu (35 kilomètres) – « Vivre avec une femme sans danger est plus difficile que de ressusciter un mort », selon saint Bernard. Le prieuré de bénédictines qui voit le jour adopte d'abord le nom du lieu, Saint-André-de-Comps (à rapprocher de « combe »). Au XVᵉ siècle, sur autorisation du roi Charles VIII, il deviendra le monastère de Vallis Dei, La Vallée de Dieu, nom qui sera déformé en Lavaudieu.

Ses débuts sont marqués par une belle histoire d'amour. Simon de Bar devait épouser Judith, fille de Robert II, comte d'Auvergne. Mais le jour des noces, avec l'accord de sa fiancée, il se fait moine. Judith trouve alors refuge à Saint-André-de-Comps, dont elle devient l'une des premières prieures. Elle meurt cloîtrée en 1109. En faveur de cette belle histoire plaident les nombreuses et généreuses donations du comte d'Auvergne.

Sous la protection du Saint-Siège

La jeune communauté accueille les filles sans aucune distinction de classe. Elle élit librement ses prieures, bien que cette élection soit soumise à l'approbation de l'abbé de La Chaise-Dieu. Le XIIᵉ siècle est pour le prieuré une période de grande prospérité. Son influence s'étend jusqu'en Italie, avec le monastère de La Roca. Une bulle du pape Alexandre III de 1177 place Saint-André-de-Comps sous la protection du Saint-Siège, « voulant garder les vierges sages qui pareilles à des lampes ardentes se préparent en marchant dans les voies de la pauvreté à aller devant leur divin époux ».

Une telle caution ne suffit cependant pas à dissuader les pillards et les bandes armées qui infestent la région. Il faut fortifier les bâtiments conventuels. Mais la situation se dégrade à tel point que le prieuré se place directement sous la protection royale, grâce aux lettres de sauvegarde que lui accorde Jean le Bon.

Au XVIᵉ siècle, les calvinistes prennent d'assaut Saint-André-de-Comps et pillent les lieux. Les religieuses réussissent à échapper aux sévices en empruntant de nuit un souterrain qui débouche sur la Sénouire. Elles trouveront refuge dans la ville fortifiée de Paulhaguet.

Des chanoinesses prébendées

En conséquence du concordat de Bologne de 1516 entre François Iᵉʳ et le pape Léon X, le système de la commende est instauré. La prieure est désormais nommée par le pouvoir royal – la toute première ainsi désignée s'appelle Pétronille de Château-Morand. De plus, pour être admise comme religieuse, chaque postulante doit faire preuve d'au moins cinq quartiers de noblesse du côté du père. Une fois acceptée et ses vœux prononcés, elle devient chanoinesse prébendée : elle dispose d'un revenu permanent.

Mais la vie commune n'existe plus, les religieuses vivant désormais dans des maisons particulières avec serviteurs, où elles mènent grand train. La maison abbatiale est réservée aux réceptions officielles, comme celle que donne l'abbesse en l'honneur du cardinal prince de Rohan qui, après son acquittement, avait été exilé en 1782 à La Chaise-Dieu, suite à la malencontreuse affaire du Collier de la reine.

Enfin – *vanitas vanitatis !* – les prieures s'octroient le titre d'abbesse bien avant qu'il ne leur soit officiellement conféré, en 1718, avec droit au port de la crosse.

À la Révolution, Lavaudieu échappe aux destructions et les bâtiments sont laissés à l'abandon. À partir de 1948, une restauration est entreprise, qui sauve in extremis le cloître, seul spécimen d'art roman auvergnat encore en état.

MOR

Fresque du XIVe s. ornant la nef de l'église, allégorie de la Mort aveugle. Une femme, les yeux bandés et les bras chargés de flèches, frappe indistinctement laïcs, moines, nonnes, soldats, pape, empereur, jeunes ou vieux.

Vierge en majesté entre deux anges. La fresque, datant du XIIe s., occupe tout le mur du réfectoire ; elle a été miraculeusement conservée. Le local servit d'écurie avant sa restauration.

Accès

À 15 km au sud-est de Brioude.

Visites

Du 15/06 à 15/09 : 10h à 12h et 14h30 à 18h. Le reste de l'année : se renseigner. Fermé le mardi et les 01/01, 01/11 et 25/12.

Tél. 71 76 45 89

À ne pas manquer

- Les fresques de l'église,
- le cloître,
- la peinture murale du réfectoire.

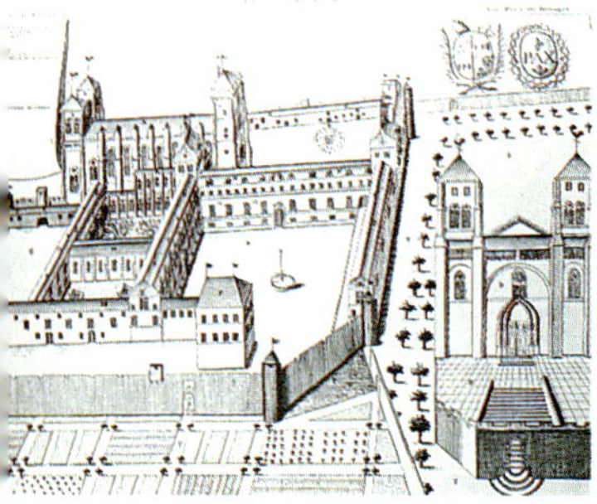

Gravure de 1677.

La Chaise-Dieu, à plus de 1 000 m d'altitude, s'est bâtie autour de son abbaye bénédictine fondée en 1044.

La Chaise-Dieu

Ultima hora

Dieu ! que la mort est présente en cette austère église Saint-Robert ! Partout elle rôde sous les hautes voûtes de granit de l'ancienne abbatiale. Le tombeau du pape Clément VI y a donc bel et bien sa place. Et la célèbre Danse macabre qui attend le visiteur sur le bas-côté nord du chœur en devient presque rassurante ! Ce défilé pitoyable et grotesque de vingt-trois personnages ouvert par Adam rappelle un peu la bande dessinée. C'est toute la société du XVe siècle qui est entraînée dans cette danse

Détail de la Danse macabre, *peinture murale de 2 m de haut et longue de 26 m exécutée au XVe s. Jamais la mort n'avait été montrée avec autant de réalisme et d'« humour ». Les puissants sont à gauche, la bourgeoisie au centre, les artisans à droite.*

mortelle aux allures de folle farandole : ni le roi, ni le pape, ni le docteur en Sorbonne, ni l'humble artisan, ni même la mère et son enfant n'y échappent.

Un de ses moines devient pape

Robert de Turlande, fils du comte d'Aurillac, naît au début du XIe siècle en pleine forêt alors que sa mère se rend chez une châtelaine voisine. Bientôt il est élève à Brioude, devient prêtre et fonde un hôpital. Puis, parti un jour se battre pour Dieu, il en revient accompagné de disciples. C'est alors que, fort de l'autorisation de l'évêque de Clermont, il décide de fonder un monastère. Pour cela, il choisit un lieu situé à

Du cloître édifié à la fin du XIVe s. il ne reste que deux galeries, dont l'une était surmontée de la bibliothèque. On aperçoit la tour Clémentine, qui servit de refuge aux moines lors des attaques huguenotes au XVIe s.

Page suivante, le Baptême, *détail des tapisseries d'Arras et de Bruxelles en laine et lin, tendues au-dessus de la clôture du chœur. La légende est en caractères gothiques.*

hic est filius

dilectus

près de 1 100 mètres d'altitude, au climat rude, blotti aux confins du Velay et de l'Auvergne sur un haut plateau granitique couvert de pâturages et de sapins. L'endroit est appelé *Casa Dei*, la maison de Dieu. Les travaux de l'abbaye bénédictine commencent en 1047. À sa mort en 1067, saint Robert est à la tête d'une communauté de trois cents moines ayant sous sa juridiction plus de cinquante paroisses.

Au début du XIVe siècle, Pierre Rogier, ancien moine de La Chaise-Dieu, devient pape en Avignon sous le nom de Clément VI. C'est lui qui finance la construction de la nouvelle abbatiale. Il confie le chantier à trois des plus grands architectes de l'époque, le Languedocien Hugues Morel, le maître d'œuvre Pierre de Cébazat, qui vient d'achever la cathédrale de Clermont, et Pierre Falciat. Ils en feront un long édifice sans transept ni déambulatoire, où le chœur, immense, a pour seul ornement un jubé qui le traverse comme un véritable pont. Le chantier s'ouvre en 1344 et lorsque le pape vient, en décembre 1352, le chœur et cinq des travées de la nef sont pour ainsi dire achevés. Un livre de comptes trouvé au Vatican révèle le coût exorbitant de l'abbatiale : 30 000 florins, soit l'équivalent de deux millions de francs-or. Les travaux s'achèvent en 1378, sous le pontificat de Grégoire XI, neveu de Clément VI, dont la dépouille repose dans un tombeau exécuté de son

Cent quarante-quatre stalles datant du XVe s., en chêne, toutes sculptées, entourent le chœur. Au-dessus, les tapisseries illustrant les scènes de la Bible.

vivant par Pierre Roye, assisté de Jean David. Alors surmonté d'un édicule en marbre entouré de quarante-quatre statues, le sépulcre fut saccagé par les troupes protestantes. Mais la tombe ne fut pas profanée puisqu'on y relèvera la présence d'ossements en 1709. L'ancienne abbatiale abrite également le tombeau de la reine Édith, qui termina ses jours à La Chaise-Dieu, après avoir été la veuve d'Édouard le Confesseur (1042-1066), dernier roi saxon d'Angleterre, auquel Guillaume, duc de Normandie, dit le Conquérant, fut appelé à succéder.

Au XVe siècle, le chœur des moines se ceint de la fameuse Danse macabre, peinture murale longue de 26 mètres sur 2 mètres de hauteur, faite

à la détrempe en ocre et gris sur fond rouge. Quatorze pièces de tapisserie de haute lice, exécutées en Flandre pour Jacques de Saint-Nectaire, dernier abbé régulier de La Chaise-Dieu, sont en outre tendues au-dessus des stalles et inaugurées le 17 avril 1518.

Ce buffet d'orgues, attribué à Coysevox et soutenu par quatre cariatides colossales, est du XVIIe s. Il rappelle que La Chaise-Dieu est le cadre d'un célèbre festival de musique française. N'est-ce pas en s'inspirant de la Danse macabre *qu'Arthur Honegger composa en 1938 sa* Danse des morts, *oratorio sur un livret de Paul Claudel ?*

Saccagée par les troupes huguenotes

Prise dans la tourmente des guerres de Religion, La Chaise-Dieu est saccagée le 2 août 1562 par les troupes huguenotes de Blacons, malgré un appareil défensif impressionnant dont il reste aujourd'hui la tour Clémentine, véritable donjon de plan rectangulaire engagé obliquement dans le chevet de l'église.

Après le passage des huguenots, l'incendie de 1695 fait disparaître la plupart des bâtiments conventuels. Ils seront reconstruits aux XVIIe et XVIIIe siècles. Placée sous le régime de la commende au XVIe siècle, l'abbaye voit défiler bon nombre d'abbés prestigieux : Charles d'Orléans, Richelieu, Mazarin, le cardinal Hyacinthe Serroni et enfin le mémorable cardinal de Rohan (1734-1803). Ce prêtre diplomate à la vie scandaleuse, désireux de gagner la faveur de la reine Marie-Antoinette, avait été le dupe d'escrocs dans l'affaire du Collier. Acquitté lors d'un retentissant procès, il fut pourtant chassé de la cour et exilé à La Chaise-Dieu en 1786.

La Révolution préserve les trésors de l'église. Désormais chaque été voit revenir le célèbre festival de musique française de La Chaise-Dieu, animé par la congrégation des frères de saint Jean, réinstallée dans l'abbaye depuis 1984.

Accès

À 43 km au nord du Puy-en-Velay.

Visites

Du 01/06 au 30/09 : 9h à 12h et 14h à 19h.
Du 01/10 au 31/05 : 10h à 12h et 14h à 17h.

Tél. 71 00 06 06

À ne pas manquer

- Les tapisseries et les stalles du chœur de l'abbatiale,
- le buffet d'orgues,
- le cloître.

Expositions

Festival de musique

Aubazine

Des vitraux en grisaille du XIIe siècle

Cette remarquable pietà du XVe s. en calcaire polychrome est un des trésors d'Aubazine.

C'est vers 1130 que saint Étienne, ermite du Limousin, fonde l'abbaye d'Aubazine – nom qui évoquerait l'opacité des forêts – sur la rive droite de la Corrèze, face aux gorges tortueuses du Coyroux. Le site est particulièrement isolé. Pour faire venir l'eau, les moines doivent creuser près de 1 500 mètres de canal. Travail gigantesque, mais grâce auquel, neuf siècles plus tard, l'eau coule encore sous les voûtes du logis abbatial en ruine. Elle alimente un vivier, encore visible le long de ce qui subsiste du réfectoire des moines.

Qui fille à Coyroux a gendre à Aubazine

La communauté qui a adopté la règle de saint Benoît est un monastère double, les hommes à Aubazine, les femmes à six cents mètres de là dans le vallon du Coyroux

Entre 1147, date à laquelle Aubazine devient cistercienne, et 1261, l'abbaye connaît un essor remarquable. Six fondations masculines lui sont directement affiliées. En outre, elle possède d'innombrables granges : en Quercy près de Rocamadour ; en Auvergne, où celle de Graule possède 600 hectares de pâturage, permettant une importante production fromagère ; et jusqu'aux célèbres granges à sel de l'île d'Oléron.

Le tombeau de saint Étienne, fondateur d'Aubazine. Il a été surmonté d'une châsse au XIIIe s. Sculpté dans la pierre, on voit saint Étienne et ses communautés de moines et de moniales adorer l'Enfant dans les bras de la Vierge.

Ensemble de quarante-sept stalles avec sa série de têtes sculptées très expressives datant du XVIIIe s.

La construction de l'église abbatiale débute en 1156 et dure vingt ans. Cette belle église romane est l'une des plus vastes du bas Limousin et s'inscrit dans la pure tradition cistercienne, faite de sobriété, de dépouillement et d'une grande qualité de pierre. Ses quatre vitraux en grisaille, du XIIe siècle mais restaurés, dont les plombs dessinent de savants entrelacs, sont considérés comme les plus anciens vitraux romans de France. Outre le tombeau surmonté d'une châsse en pierre de saint Étienne d'Aubazine, son fondateur, mort en 1159, l'église renferme une armoire de sacristie romane, l'un des très rares meubles médiévaux que l'on connaisse.

Avec la guerre de Cent Ans, l'abbaye se voit privée de la plupart de ses ressources et ne survit que très difficilement. En 1504, on ne recense plus que dix-huit moines. Puis viennent les guerres de Religion : les huguenots saccagent les lieux et brûlent les archives.

Si, par mesure d'économie, le XVIIIe siècle ampute la nef de quelques travées, il enrichit l'église d'un remarquable ensemble de boiseries. Lorsque vous visiterez les bâtiments conventuels qui subsistent, ne manquez pas, la superbe salle capitulaire avec douze colonnes monolithes soutenant des voûtes d'arêtes. Puis, près de la salle des moines, empruntez l'escalier qui mène à l'ancien dortoir, refait au XVIIIe siècle, avec son couloir à petits pavés où figurent notamment les armoiries de l'abbaye.

Enfin, arrêtez-vous pour admirer la cuisine de l'abbaye, avec son immense cheminée.

À la Révolution, l'abbatiale devient église paroissiale et en 1854 les bâtiments monastiques sont affectés à un orphelinat, qui se maintiendra jusqu'en 1945. Aubazine abrite aujourd'hui une communauté de renouveau charismatique, le Verbe de Vie.

Armoire liturgique du XIIe s., l'une des plus anciennes de France. Elle est construite en madriers de chêne. Remarquez l'exceptionnelle qualité des ferrures des portes.

De cette importante abbaye cistercienne subsistent une bonne partie des bâtiments conventuels ainsi que l'ancienne vasque du lavabo.

Accès

À 14 km à l'est de Brive-la-Gaillarde.

Visites

Du 01/10 au 31/05 : 16h.
En juin et septembre : 11h et 16h.
En juillet et août : 11h, 15h30 et 16h30.
Fermé le lundi et en janvier.

Tél. 55 84 61 12

À ne pas manquer

- l'abbatiale et son clocher,
- le tombeau de saint Étienne,
- la Mise au tombeau,
- l'armoire liturgique.

Abbaye de Moissac, détail du tympan.

Sainte-Foy de Conques

Moissac

Flaran

Beaulieu-en-Rouergue

Saint-Bertrand-de-Comminges

LE SUD-OUEST

Des quatre itinéraires menant de France à Saint-Jacques-de-Compostelle, nous n'emprunterons ni la via Tolosana partant d'Arles, qui passe par Montpellier, la vallée d'Aspe et le col du Somport ; ni la via Lemovicensis, qui, de Vézelay, rejoint Périgueux et Mont-de-Marsan ; ni même la célèbre via Turonensis, dont le point de départ est Paris, au pied de la tour Saint-Jacques, vers Tours, Poitiers, Saintes, Bordeaux et Ostobat. Nous prendrons la via Podensis.

Du Puy, elle traverse le massif d'Aubrac, s'arrête à Conques, Beaulieu, Moissac, Flaran, autant d'abbayes, autant d'étapes dans ce Sud-Ouest qui voyait se regrouper tous ces « marcheurs de Dieu » en quête de pénitence et d'absolution. Leurs noms ? Jacquot, Jacquet, Jacquaire. Ils portent un long manteau, sorte de pèlerine, et un chapeau rond à large bord.

Leur bâton de marche, le « bourdon », et leur besace, qui comme viatique ne contient trop souvent qu'un vieux quignon de pain et un morceau de fromage, ont été bénis avant le départ. Ayant fait vœu d'ascèse, ils marchent seuls face aux dangers de la route… loups, brigands et autres détrousseurs.

À Conques, la place de l'abbaye est noire de monde. Malgré la fatigue, leur regard est irrémédiablement attiré par le tympan du portail. Émerveillés, ils y déchiffrent le Jugement dernier. Au centre, le Christ ; à sa droite, le paradis ; à sa gauche, peuplé de démons, l'enfer. Exténués, ils vont encore se recueillir devant les reliques de sainte Foye, jeune martyre suppliciée à Agen au début du IVe siècle.

Dans quelques jours, ils seront à Moissac. Devant eux se dressera l'abbatiale Saint-Pierre, haut lieu de l'art roman qui émerge partout sur leur route. Ils vont contempler, éblouis, le somptueux portail : « apparition de l'Éternel », dira plus tard André Malraux. Mais auront-ils accès au cloître ? Un chef-d'œuvre par ses proportions : les arcades de ses quatre galeries reposant sur de fines colonnes taillées dans des marbres roses, verts, gris ou blancs. Sûrement le plus beau et le plus ancien de l'art roman. Sur le pilier central de la galerie, une inscription s'y déchiffre : « En l'an de l'incarnation du Père éternel 1100 a été fait ce cloître au temps du seigneur Ansquitil abbé Amen. »

À droite, l'abbatiale romane et le village semblent s'être enchâssés dans le site admirable de la Conque, du latin concha *: coquille. Nom prédestiné pour cette étape majeure sur le chemin de Saint-Jacques-de-Compostelle.*

La majesté de Sainte-Foy, statue reliquaire assise sur un trône, chef-d'œuvre d'orfèvrerie du Moyen Âge, était prévue pour contenir la tête de la sainte. Elle mesure 85 cm de hauteur.

Sainte-Foy de Conques

Le maître de la lumière

Pourquoi avoir choisi la pente abrupte d'un torrent au-dessus des gorges du Dourdou pour y élever une abbaye ? Parce qu'il y a là une sorte d'amphithéâtre naturel – qui surprendra Prosper Mérimée lorsque le 30 juin 1837 il découvrira « cette espèce de désert escarpé au milieu des plus âpres montagnes du Rouergue ». Mais encore faut-il, pour apercevoir l'église Sainte-Foy, remonter les ruelles de la bourgade de Conques, où elle est enchâssée dans un paysage encore tout médiéval.

Un rapt de reliques

Pourtant, il existait dans ces lieux, et cela depuis le IVe siècle, un oratoire dédié au Saint Sauveur, qui, détruit par les Sarrasins, fut reconstruit vers 750 par Pépin le Bref, puis par Charlemagne. C'est à cette époque que Dadon y rassemble une communauté, qui en 819 adopte la règle de saint Benoît. Mais dépourvu de toute ressource, le monastère décline rapidement, au bénéfice d'une de ses possessions, Figeac. Aussi les moines de Conques décident-ils de réagir. Dans la nuit du 14 janvier 866, ils envoient l'un d'eux, Ariviscus, soustraire dans une église située aux portes d'Agen les reliques de sainte Foy, jeune martyre de douze ans suppliciée dans cette ville le 6 octobre 303. En fait, il n'y a pas lieu de s'étonner d'un tel procédé, la richesse et la notoriété d'une abbaye dépendant en ces temps-là de l'importance et du degré de sainteté des reliques qu'elle détient ; d'où d'incessantes querelles entre monastères, pouvant aller, comme dans ce cas, jusqu'au vol de reliques.

Guibert l'illuminé

Très vite, la sainte attire les foules, car on lui attribue des miracles. Ainsi Guibert, venu prier les yeux crevés devant les reliques de sainte Foy en 980, recouvre-t-il la vue. Guérison au retentissement énorme. De partout, simples pèlerins et grands personnages du royaume se précipitent. Le roi d'Aragon tout comme celui de Navarre, engagés dans la reconquête de l'Espagne occupée par les musulmans, comblent la sainte de dons. Bientôt ce culte prend de telles proportions qu'une statue en or de la sainte est érigée – c'est peut-être aujourd'hui la plus précieuse pièce d'orfèvrerie médiévale que nous possédions. Sur le trône de vermeil où elle est assise, avant-bras à l'horizontale, regard insaisissable perdu dans le lointain, la jeune martyre semble accueillir les pèlerins venus lui remettre leurs offrandes. Sa robe est couverte de toutes les pierres précieuses, cabochons, camées ou émaux, dont pèlerins et rois se sont dépouillés pour elle.

Voici ce qu'en dit l'écolâtre Bernard d'Angers, venu à Conques au début du XIe siècle : « Lorsque nous entrâmes au monastère, par chance, l'endroit retiré où l'on garde la vénérable image était ouvert. Arrivés devant elle, nous étions si à l'étroit, en raison de la multitude des fidèles prosternés, que nous ne pûmes nous incliner nous aussi.... J'en fus fâché et restai debout à regarder l'image » (image qu'il avait tout d'abord qualifiée d'« idole »...).

Étape obligée sur la route de Saint-Jacques

Très vite, la première église à trois nefs, édifiée à la fin du Xe siècle et dédiée au Saint Sauveur, à la Vierge et à saint Pierre, s'avère insuffisante. Conques, située sur l'une des routes les plus fréquentées du pèlerinage de Saint-Jacques-de-Compostelle, est en effet une étape obligée. Les marcheurs de Dieu partis du Puy viennent y vénérer la sainte et s'y arrêtent avant de gagner Roncevaux et l'Espagne.

En 1050, sous l'abbatiat d'Odolric, les moines, qui sont des pragmatiques, se lancent donc dans l'édification d'une des plus grandes et des plus belles églises de pèlerinage du Moyen Âge, destinée à servir tout à la fois d'abbatiale à une importante communauté monastique, de lieu de culte des reliques de sainte Foy et de centre d'accueil des pèlerins qui ne cessent d'affluer. Le cloître, lui, est mis en chantier au moment où la tour-lanterne octogonale est en cours de construction. L'ensemble des travaux s'achève vers 1130.

Cette magnifique église romane, dont l'influence architecturale se fera fortement sentir sur les prieurés bénédictins auvergnats du XIIe siècle, est d'une exceptionnelle homogénéité de conception : la nef, dont les voûtes en berceau sur gros doubleaux s'élèvent à 22 mètres du sol, est étonnamment vaste, comme sont vastes les collatéraux qui ceinturent le transept et le chœur, permettant aux processions et aux pèlerins de gagner le déambulatoire à chapelles rayonnantes où se trouve la statue-relique de sainte Foy, sans pour autant perturber la liturgie.

Trois types de pierre ont servi à la construction de ce joyau de l'art roman : grès rose pour les parties basses du chevet, calcaire ocre pour le reste de l'édifice, et schistes plats, verts et bruns, pour les remplissages.

Un chef-d'œuvre de sculpture romane

Mais quelle sévérité ! Toute la richesse de l'ornementation semble en fait concentrée sur le remarquable chef-d'œuvre de sculpture romane qu'est le tympan du grand portail – l'un des rares, avec celui de Vézelay, à avoir conservé quelques traces de polychromie (le XIe siècle, ne l'oublions pas, recouvrait de peinture les grands ensembles sculptés). Et qu'y voit-on ?

À gauche, jaillissement du vaisseau central, qu'accentue encore l'étroitesse de la nef. Cette vaste abbatiale construite de 1030 à 1130 abrite près de deux cent-cinquante chapiteaux . À droite, le grand bassin claustral, par l'originalité de la pierre utilisée, une serpentine vert foncé, est un monument unique dans l'art monastique.

Le tympan du Jugement dernier, œuvre monumentale de l'art roman : 6,70 m de long et 3,60 m de large, 124 personnages. Ici, en détail, le cortège des élus conduit par la Vierge Marie, suivie de saint Pierre, puis de l'ermite Dadon, de l'abbé Begon et de Charlemagne.

Une représentation du Jugement dernier d'un réalisme surprenant. Les moines de Conques furent en effet les premiers à afficher sur le portail de leur abbaye une image de cette grande peur de fin du monde qui, à l'aube du XIe siècle, taraude la société chrétienne.

Du XIe au XIIIe siècle, l'abbaye jouit d'un essor considérable : dans toute l'Europe elle fonde des prieurés. Mais au XIVe siècle, le déclin s'amorce ; il s'amplifiera au XVIe avec la sécularisation de Conques, décrétée en 1537.

Cela toutefois n'empêchera pas les religieux de construire la chapelle du rosaire, ni de restaurer la coupole et la tour-lanterne lorsque celles-ci se seront effondrées – la tour sera alors surmontée d'une simple flèche de bois.

Le 2 octobre 1568, les calvinistes tentent d'incendier l'église en mettant le feu aux boiseries du chœur. Les dommages sont importants : dans une pétition adressée au roi Charles IX, il est en effet question de « grand pillage, brûlement et saccagement de la dite église Sainte-Foy ». Il faut alors raser la tour sud-ouest et recharpenter la tour nord-est, travaux qui ne s'achèveront qu'au début du XVIIe siècle. En 1628, une terrible épidémie de peste décime la population du bourg. Les effectifs de l'abbaye, considérablement réduits, ne cesseront dès lors de diminuer, au point que le transfert de la communauté des chanoines vers la chartreuse de Villefranche-de-Rouergue est envisagé.

Redécouverte par Prosper Mérimée

Abandonnée après la destruction du cloître à la Révolution, l'abbaye de Conques est redécouverte en 1837 par Prosper Mérimée, lancé, en tant qu'inspecteur des Monuments historiques, dans une entreprise de recensement systématique des richesses archéologiques du territoire français. Sa visite se conclut par un rapport exhaustif de dix-huit pages, qui permettra le classement du site le 1er mars 1838. Que le trésor ait été heureusement sauvé par les habitants et que le tympan soit encore presque intact n'empêche pourtant pas l'église d'être en piteux état. Les travaux de restauration vont donc s'échelonner sur toute la seconde moitié du XIXe siècle. Bientôt, à la demande du cardinal Bourret, en charge de l'évêché de Rodez, une communauté de prémontrés venue de l'abbaye de Saint-Michel-de-Frigolet y fonde un prieuré. C'est elle qui, le 23 avril 1875, en réaménageant le chœur de l'ancienne abbatiale, y découvre le reliquaire de sainte Foy, celui-là même que réclamait de sa forte voix le cardinal Bourret en frappant de sa crosse le pavé de l'église : « Ressuscite, ô ma sainte ! » La nouvelle fait l'effet d'un miracle, et le pèlerinage est remis à l'honneur en 1878. Aujourd'hui, les touristes ont remplacé les pèlerins dans un décor surgi du fond des siècles.

En 1994, Pierre Soulages, peintre abstrait français, achevait la réalisation de quatre-vingt-quinze verrières et de neuf meurtrières. À partir d'un matériau opalescent, il invitait la lumière à pénétrer dans l'église : une lumière qui varie au rythme des pas, mais aussi du passage des heures. Une lumière qui joue avec la couleur des pierres, le rose des grès, l'ocre et l'or des calcaires, le brun et le vert des schistes. Miraculeux retour à la luminosité du Moyen Âge.

Accès

À 38 km au nord de Rodez.

Visites

Tous les jours de 9h à 12h et 14h à 18h.

Tél. 65 72 85 00

À ne pas manquer

- le tympan du portail,
- le cloître,
- le trésor.

Concerts

Expositions

Moissac

La vision de l'Apocalypse

Ils sont venus de tous les coins d'Europe septentrionale, et, simplement munis d'un bâton et d'une besace, ils marchent. Cela fait des mois qu'ils ont quitté femmes et enfants. L'itinéraire est précis : chaque halte est une dévotion. Ces voyageurs protégés, ces marcheurs de Dieu, trouvent refuge pour la nuit dans des hospices ou des hôtelleries, à l'abri des pillards et des escrocs, avant de reprendre la route, toujours en direction du sud, de l'Espagne, du tombeau de l'apôtre : vers Saint-Jacques-de-Compostelle. Quelques semaines plus tôt, ils étaient à Puy-en-Velay. Ils ont ensuite passé Aubrac, Sainte-Foy de Conques, Cahors. Demain, ils emprunteront le bac au confluent du Tarn et de la Garonne.

« Venez, pénétrez dans ma maison »

Mais aujourd'hui, ils atteignent Moissac, au carrefour du Languedoc, de la Guyenne et du Quercy. Moissac, étape majeure de cette *via Podensis*. Pénétrant par l'est – l'usure latérale des marches en témoigne – soudain ils s'arrêtent : pour eux qui ont déjà tout vu, c'est le choc. Alors que le soleil décline à l'horizon, ils découvrent abasourdis, au sommet du grand portail de l'abbatiale Saint-Pierre, la vision de l'Apocalypse : « Je tombai en extase. Voici qu'un trône était dressé dans le ciel et, siégeant sur le trône, quelqu'un... » Au sommet du tympan se tient un Christ admirable de hiératisme, dont le visage rayonne d'une exceptionnelle bonté, et qui semble leur dire : « Venez, pénétrez dans ma maison. » À ses pieds, vingt-quatre vieillards. À sa gauche, saint Paul, chauve, au regard terriblement humain ; à sa droite, l'incomparable Jérémie, à la douceur ineffable : deux présences qui ne peuvent qu'apaiser les craintes des pèlerins. Cette œuvre majeure de l'Occident chrétien, inspirée, dit-on, d'une enluminure du célèbre manuscrit de l'Apocalypse de saint Jean détenu par l'abbaye de Saint-Sever, nous est parvenue miraculeusement intacte. Seule, la polychromie fait défaut.

Des débuts difficiles

La légende veut que Moissac ait été fondée par Clovis au début du VIe siècle. Mais ce sont plus vraisemblablement le roi Dagobert et ses fils qui en ont encouragé la fondation entre 630 et 655

Remarquable sculpture polychrome de l'église Saint-Pierre. Cette Mise au tombeau de 1485 se situe dans une chapelle latérale à droite du chœur. Les décorations murales ont été reconstituées à l'identique.

Vierge de douleur en pierre du XVe s.

– dates que semble confirmer la première mention de l'abbaye dans la charte de donation. Saint Amand, connu pour avoir évangélisé l'Aquitaine, en est le premier abbé. Si dès l'origine elle est placée sous protection royale, privilège qui sera renouvelé au début du IXe siècle par Louis le Pieux, roi d'Aquitaine, Moissac connaît néanmoins des débuts difficiles. En 732, les Sarrasins, battus à Poitiers par Charles Martel alors qu'ils font retraite vers l'Espagne, incendient l'abbaye. Elle sera restaurée grâce aux généreuses donations de Pépin le Bref, puis de Louis le Pieux. À en croire la chronique d'Aymeric de Peyrac, abbé de Moissac de 1377 à 1406, l'abbaye aurait été de nouveau dévastée vers 850, par les Normands cette fois-ci, puis plus tard par les Hongrois. Mais la liste des malheurs ne s'arrête pas là. Reconstruite à la fin du Xe siècle, l'abbatiale voit sa toiture s'effondrer en 1030, et en 1042 un terrible incendie la transforme en un tas de ruines. Devenus protecteurs de l'abbaye à la suite des rois de France, les comtes de Toulouse contribuent, semble-t-il, à l'appauvrir davantage et finissent même par la revendre à des seigneurs voisins. Le déclin matériel et spirituel est alors inévitable.

Grand portail, chef-d'œuvre de la sculpture romane (1115-1120). Le trumeau central, superbe bloc monolithe, est décoré de lions et de lionnes entrecroisés. Il est entouré de saint Paul à gauche, et à droite de saint Jérémie. Le poids des dalles composant le tympan a exigé ce support supplémentaire.

Ci-contre, l'église a conservé une partie de son mobilier du XVe s., le retable et la clôture du chœur du XVIe s., les stalles et le buffet d'orgues du XVIIe s.

Sauvée par Cluny

Le salut viendra de l'abbaye bourguignonne de Cluny. Celle-ci doit son extraordinaire essor à son indépendance vis-à-vis du pouvoir, tant laïque (seigneurs et rois) qu'ecclésiastique (évêques) : elle ne dépend que du pape. Or, pour les clunisiens, qui cherchent à canaliser le flot des pèlerins sur de grands itinéraires, afin, en fait, de mieux les contrôler, Moissac est plus qu'une abbaye ordinaire : elle représente une étape majeure sur la route de Saint-Jacques-de-Compostelle.

C'est ainsi qu'en 1047 saint Odilon, cinquième abbé de Cluny, lors d'une tournée apostolique en Aquitaine, affilie Moissac à Cluny. Le règne de ce grand abbé est jalonné d'importantes réformes et de gestes étonnants. N'a-t-il pas fait fondre le trésor de son abbaye pendant la grande famine de 1006 ? N'a-t-il pas décrété « la trêve de Dieu » interdisant tout acte de violence et de pillage depuis le mercredi, à l'heure où sonnent les vêpres, jusqu'au lundi ? En unissant les deux congrégations, il place l'abbaye Saint-Pierre sous la double autorité des abbés de Cluny et de Moissac. À son départ, il nomme son compagnon Durand de Bredons au poste de premier abbé.

L'une des plus importantes abbayes d'Occident

Passé les années sombres qui ont précédé l'an mille, un nouvel et vigoureux élan de foi s'empare d'un monde relativement pacifié. Protégée par les papes, soutenue financièrement par les seigneurs et les rois, Moissac connaît alors une renaissance spectaculaire. Son étonnante expansion lui vaut de devenir l'une des plus importantes abbayes d'Occident, en dépit des guerres albigeoises et de la guerre de Cent Ans. De nombreux monastères lui seront rattachés en Espagne et dans tout le midi de la France. Elle se verra dotée d'une enceinte fortifiée, qui enserrera l'ensemble de la ville. Et elle sera l'une des seules abbayes clunisiennes à pouvoir élire ses abbés.

Vierge de pitié de 1476. Elle orne la deuxième chapelle à droite en entrant.

Chapiteau de la galerie nord : « Voici Martin, évêque de Dieu. Martin, encore catéchumène, m'a recouvert de ce vêtement. » (Inscription au tailloir.)

Durand de Bredons, donc, reconstruit l'église ; elle sera consacrée le 6 novembre 1063. Ses successeurs, Hunand de Gavarret, Ansquitil et Roger, poursuivent son œuvre : ils font construire les bâtiments conventuels, agencés autour d'un grand cloître – il est encore possible de voir, sur un des piliers, la plaque de consécration, datée de 1100. En 1096, le pape Urbain II se déplace jusqu'à Moissac pour consacrer l'autel majeur dédié au Saint Sauveur. Entre 1115 et 1131, on fortifie la tour-porche, sur le modèle de celle de Saint-Benoît-sur-Loire. Les moines la dotent d'un portail monumental symbolisant leur indépendance face au pouvoir séculier. Au XIIe siècle, une nouvelle église abbatiale à nef unique et couverte de coupoles voit le jour (les murs de pierre latéraux ont été partiellement conservés dans l'actuelle église de brique, reconstruite après la guerre de Cent Ans).

En 1188, un incendie détruit la ville et endommage l'abbatiale. Quant au cloître, il subit les conséquences du siège de Moissac par Simon de Montfort, en 1212, épisode de la guerre des albigeois. Ses arcades sont refaites en 1260, mais ses colonnes sont conservées : en tout soixante-seize chapiteaux, tous différents, tous admirables, harmonie de marbre blanc et de brique rouge sur fond de verdure.

Galerie ouest, saint Philippe apôtre. Il était originaire de Bethsaïde, la ville de deux autres apôtres, André et Pierre.

Sûrement l'un des plus beaux cloîtres du monde : chœur de l'abbaye, carrefour du silence. Ici, il y a 116 colonnes, 76 chapiteaux, dont 46 historiés, véritables invitations à partager la spiritualité de ces « pierres vivantes ».

Soustraite à la tutelle de Cluny

À l'abbatiat de Bertrand de Montaigut (1260-1295) correspond une renaissance spirituelle. L'abbaye est rebâtie et fortifiée. Mais la guerre de Cent Ans et la peste noire enrayent le grand élan de Moissac, et le déclin est irrémédiable. Par une bulle pontificale de 1466, l'abbaye est soustraite à la tutelle de Cluny. Elle choisit le régime de la commende, qui ne fait qu'accélérer la décadence du monastère, entraînant sa sécularisation en 1626. Ainsi les moines cèdent-ils la place à un chapitre de chanoines, après un millénaire de présence à Moissac. Au cours des siècles qui suivent, les biens de l'abbaye sont dispersés – les deux cents précieux volumes de la bibliothèque sont acquis par Colbert. En 1767, une partie des bâtiments réguliers est détruite et la Révolution vend aux enchères ce qui reste encore debout. Les soldats campent ici et martèlent toutes les têtes du cloître. Au début du XIXe siècle, un petit séminaire occupe la partie nord de l'abbaye. Mais vers 1850, les travaux de construction de la voie ferrée Bordeaux-Sète font disparaître le chauffoir et le réfectoire. Le cloître est épargné, au prix d'une importante mobilisation. Il sera classé monument historique, ainsi que l'église. C'est maintenant la ville qui est propriétaire de l'abbaye.

Pilier central, face est, galerie ouest. Saint Simon apôtre : sur le livre qu'il tient, il est désigné en tant que « cananéen », partisan de la résistance violente à l'occupation romaine.

Accès

À 30 km au nord de Montauban.

Visites

Du 16/03 au 30/06 et du 16/09 au 15/10 : 9h à 12h et 14h à 18h.
Du 01/07 au 31/08 : 9h à 19h.
Le reste de l'année : 9h à12h et 14h à 17h.
Fermé les 1er janvier et 25 décembre.

Tél. 63 04 01 85

À ne pas manquer

- Le portail de l'abbatiale,
- la Pietà,
- la Fuite en Égypte,
- la Mise au tombeau,
- le Christ en Croix,
- les grandes orgues,
- le sarcophage mérovingien,
- les reliques de saint Cyprien,
- les chapiteaux historiés du cloître.

Flaran

Les Cisterciens de Gascogne

Abside et absidioles du chevet de l'église, principal témoin en Gascogne de cette architecture romane cistercienne.

Cette abbaye cistercienne, l'une des mieux conservées de France, a failli voir son cloître déporté et reconstruit quelque part aux États-Unis. À la veille de la Première Guerre mondiale, en effet, un antiquaire parisien tenant boutique à New York s'en était porté acquéreur. Il avait fait numéroter chacune de ses pierres afin qu'elles soient démontées et transportées outre-Atlantique. Mais ce scandaleux transfert ne se fit heureusement jamais. La société archéologique du Gers, aidée par les toutes nouvelles lois sur les monuments historiques, s'y opposa.

Expiation et humilité

Notre-Dame de Flaran est l'archétype de l'établissement cistercien. Elle fut fondée en 1151 par des moines venus de l'Escaladieu, abbaye affiliée à Morimont, l'une des quatre premières filles de Cîteaux avec Clairvaux, Pontigny et La Ferté. Le terrain fut cédé par l'abbaye bénédictine de Condom. Isolé dans un fond de vallée, comme l'exige la règle, l'établissement occupe une île formée par la Baïse et le canal de dérivation que les moines ont creusé pour alimenter un moulin.

Le monastère doit avant tout se suffire à lui-même avec ses terres, ses bois, ses ateliers, sa forge et son pressoir. Les moines, qui sont tenus de travailler, partagent une vie quotidienne faite de prière et de pauvreté, suivant en cela les

Ci-contre, une des riches cellules du dortoir des moines datant du XVIIIe s. De chaque côté de l'alcôve, on trouve un cabinet de toilette et une pièce de rangement.

Peinture à la détrempe du XVIIIe s. Vestibule précédant l'appartement du prieur.

Jardin de plantes aromatiques et médicinales à quelques pas du canal creusé par les moines. Il comprend huit carrés de plantes que les moines utilisaient pour la cuisine et la pharmacie.

préceptes de saint Bernard, qui avait réhabilité le travail manuel, en lequel il voyait une forme d'expiation et une école d'humilité.

L'église, construite probablement à partir de 1170 – et bien conservée –, est aujourd'hui un précieux témoin de l'architecture romane cistercienne. Elle compte trois travées et affiche une grande pureté de lignes et des pierres d'une belle couleur dorée. Notez l'abside en hémicycle, exceptionnelle dans l'architecture cistercienne. Du cloître, où l'on pénètre depuis l'église en empruntant une porte surmontée d'un chrisme, il ne reste plus en état qu'une seule galerie gothique, la galerie ouest.

Peu après l'installation des moines sur le site, l'abbaye voit grossir son patrimoine grâce aux généreuses donations de seigneurs locaux. Elle

Les galeries couvertes de charpente du cloître : d'origine ne subsiste que la galerie ouest, datant du XIVe s. et de style gothique rayonnant. Les autres galeries ont été reconstruites au début du XVIIe s.

Ci-dessus, à Flaran, le carré du transept était surmonté d'un clocher.

Ci-contre, cuisine de l'abbaye. L'aile nord du monastère était occupée par le réfectoire richement décoré de gypseries. Il n'en reste qu'une travée du XVe s. Une porte communiquait avec la cuisine et le chauffoir.

possède plusieurs granges et perçoit la dîme. L'une de ses très proches dépendances, la ferme de la Madeleine, a été récemment restaurée avec sa porte fortifiée.
Flaran a toujours été une petite communauté. En 1259, on n'y dénombre guère plus de seize frères. En 1274, l'abbaye conclut un accord de pariage avec le comte d'Armagnac pour fonder une bastide : l'abbaye assure le financement, le comte offre sa protection. La ville nouvelle qui voit le jour, tout en concédant une certaine liberté aux habitants, autorise les moines à percevoir un impôt et permet au comte d'affirmer son autorité.
Sa richesse attire les convoitises et, pendant la guerre de Cent Ans, Flaran passe tour à tour sous dominations anglaise et française.

Les troupes de Montgomery

Durant l'été 1426, l'abbaye souffre du passage des routiers, bandes de soldats désœuvrés qui se comportent en pillards, mais qui seront dispersés par les fameuses compagnies d'ordonnance au XVe siècle.
Au XVIe siècle, ruinée par la commende qui la prive d'une grande partie de ses revenus, l'abbaye doit en outre faire face, en 1569, aux incursions successives des troupes protestantes de Montgomery. Ce célèbre capitaine de la garde écossaise a involontairement provoqué la mort d'Henri II en 1559, au cours d'un tournoi. Il prend alors la tête des Huguenots, dévaste la Gascogne et tente en vain de secourir La Rochelle en 1574. Vaincu, il sera condamné à mort.

Faire revivre l'épopée cistercienne

Dans les ruines de l'abbaye, seuls quatre moines réussissent à survivre. La reconstruction est entreprise en 1573, sous l'abbatiat de Jean de Boyer. Après la période révolutionnaire, le logis abbatial, édifié en 1759, est habité pendant près de deux siècles par une même famille, les Laurens, qui transforment l'église et les bâtiments réguliers en dépendances agricoles. En 1971, le département du Gers rachète l'abbaye de Flaran après qu'un incendie criminel eut ravagé une partie des bâtiments du XVIIIe siècle. Les travaux de restauration entrepris alors, se poursuivent, et permettent d'ouvrir de nouvelles salles au public. Flaran, lieu de visite, est aussi le Centre culturel départemental, qui offre une grande variété de manifestations tout au long de l'année : concerts, expositions, animations thématiques, colloques etc...

Dans la galerie est du cloître s'ouvre la splendide salle capitulaire. Ici, l'entrée est soutenue par des colonnettes de marbre du XIIe s. Remarquez bien les premiers essais en Gascogne de voûtes sur croisées d'ogives.

Accès
À 8 km au sud de Condom.

Visites
Tous les jours sauf le mardi : 9h30 à 12h et 14h à 18h.
Juillet et août, tous les jours sans interruption : 9h30 à 19h.
Fermeture annuelle : 15/01 au 15/02.

Tél. 62 28 50 19

À ne pas manquer
– L'architecture romane cistercienne du Sud-Ouest,
– le cloître,
– la mosaïque gallo-romaine,
– le jardin des plantes aromatiques et médicinales.

Exposition permanente
« Les chemins de Saint-Jacques de Compostelle en Gascogne ».

Concerts

Expositions

Beaulieu-en-Rouergue

Entre Quercy blanc et Rouergue cristallin

Voyez cette abbatiale à peine détachée du roman basculer vers le gothique le plus pur.

C'était un projet fou : il s'agissait ni plus ni moins de démonter et de transporter pierre par pierre jusqu'à Saint-Antonin-Noble-Val la vaste abbatiale gothique de Beaulieu, appelée également Belloc en occitan, datant de la seconde moitié du XIIIe siècle. Et l'auteur de ce projet, c'était un tout jeune architecte autodidacte répondant au nom de Viollet-le-Duc. Sans doute était-ce en compagnie de son ami Prosper Mérimée, alors inspecteur des Monuments historiques, qu'il avait découvert Notre-Dame de Beaulieu. Mais heureusement, les travaux préliminaires furent interrompus faute de moyens – sur intervention, disent les mauvaises langues, de Prosper Mérimée lui-même. Viollet-le-Duc se verra pourtant confier ultérieurement, la restauration de l'abbaye de Vézelay et fera la brillante carrière que l'on connaît.

DES BÂTIMENTS PROVISOIRES EN BOIS

Les douze moines de Clairvaux qui, en 1144, fondent l'abbaye Notre-Dame de Beaulieu ne peuvent choisir région plus éloignée, aux confins du Quercy et du Rouergue. Conformément à la tradition cistercienne, blotti au fond de la vallée de la Seye, le site est recouvert d'une épaisse forêt. Il appartient à Archambaud de Cuzoul, seigneur local, qui, à la demande de l'évêque de Rodez, Adémar III, en fait don aux moines. Les débuts sont difficiles, les bâtiments étant

La façade de l'église ornée d'une rose à huit lobes. L'église fut partiellement démontée au cours de la Révolution : toiture et vitraux furent déposés. L'intervention de Prosper Mérimée et le manque d'argent mirent fin au démantèlement.

L'abbaye fut transformée au siècle dernier en exploitation agricole. Une pompe à eau, située au milieu de l'ancien cloître, subsiste de cette période.

Ci-contre et ci-dessous, la salle capitulaire voûtée sur croisées d'ogives. Elle a retrouvé toute sa pureté avec ses piliers d'où jaillissent en palmier les arcs massifs et carrés, ornés de traces d'écriture rouge et ocre.

Au centre, une nef unique de cinq travées, des voûtes très pures, des baies étroites et hautes (8 m) et une coupole octogonale avec deux très belles rosaces.

Ci-dessous, le chœur s'achève par une abside à sept pans dotés de hautes baies qui donnent à l'ensemble l'élan et la luminosité de la grande tradition de l'architecture cistercienne.

vraisemblablement en bois. Pourtant, après quelques dizaines d'années seulement, l'abbaye est assez riche pour entreprendre l'édification d'un nouveau monastère. Dans l'acte de donation de la forêt de Tulmont, on en trouve la toute première mention : « Pour bâtir et pour le chauffage et pour tous les usages communs (...) dans la dite forêt des fours pour construire les bâtiments de l'abbaye. » Sans doute existe-t-il déjà une abbaye primitive dont, par mesure d'économie, les fondations et les parties basses vont servir à construire de nouveaux édifices. Le traditionnel plan des établissements cisterciens est respecté à la lettre : au centre, le cloître, cœur de l'abbaye, adossé à l'église ; en bordure et en aval de la Seye, le réfectoire, suivi du logis abbatial ; en amont, l'église abbatiale, au nord, pour bénéficier de la fraîcheur en été ; à l'orient, la salle capitulaire et le bâtiment des moines ; à l'occident, ceux des convers.

Le cartulaire a disparu

Les travaux s'échelonnent sur une bonne partie du XIIIe siècle. Malheureusement, nous disposons de bien peu d'éléments pour reconstituer

les faits marquants de ce siècle et du siècle suivant, puisque le cartulaire de Beaulieu a disparu lors des guerres de religion. On sait toutefois qu'à l'époque des guerres contre les albigeois, l'abbaye doit faire face aussi bien aux bandes de routiers qu'aux Cathares et aux armées de Simon de Montfort qui régulièrement la rançonnent. Mais c'est la guerre de Cent Ans qui met définitivement fin à son essor.

Les guerres de Religion, particulièrement féroces dans la région, ont aussi des conséquences dramatiques pour l'abbaye : l'église est saccagée et dépouillée de ses richesses. Une bonne partie des bâtiments conventuels et du cloître est détruite. Bien qu'en ruine, l'abbaye, passée sous le régime de la commende au XVIe siècle, se voit imposer par le parlement de Toulouse le versement annuel d'une somme de trois cents livres. Ce qui n'empêche pas les moines d'emprunter mille écus, afin, disent-ils, d'assurer « la réparation d'une partie de la maison qui croula par le malheur des temps ». Au XVIIe siècle, l'ancien dortoir des moines est aménagé en cellules individuelles avec des garde-robes et des alcôves ; on rehausse le chauffoir et le réfectoire, transformé en luxueux logis abbatial, est flanqué de deux tourelles au XVIIIe siècle.

Laissée à l'abandon à la Révolution, l'église est ensuite transformée en bâtiment agricole. Quant au cloître, dont les ailes est et sud étaient en cours de reconstruction, il est tout simplement abattu. Il faudra attendre 1957 pour que les nouveaux propriétaires entreprennent, avec l'aide de l'État, une première campagne de restauration. En 1970, Notre-Dame de Beaulieu devient un centre d'art contemporain organisant, en été, des animations musicales et des expositions.

Borne du domaine : en 1272, le frère Étienne de Verfeil, de l'ordre de Cîteaux, est témoin d'un acte lors de l'union des bénéfices de quatre paroisses voisines au foncier de l'abbaye.

Accès

À 30 km au sud de Villefranche-de-Rouergue.

Visites

Des Rameaux au 30/09 : 10h à 12h et 14h à 18h (ouvert tous les jours en juillet et août). Fermé le 1er mai.

Tél. 63 67 06 84

À ne pas manquer

– La nef,
– La salle capitulaire.

Centre d'art contemporain

Dans la partie des bâtiments réservés aux convers (toujours à l'occident) se situe ce très beau cellier, avec ses voûtes simples et puissantes sur croisées d'ogives.

Ci-dessus, la basilique de Saint-Just à Valcabrère. Ci-dessous, la cathédrale Sainte-Marie, au sommet de la ville haute, a pour assise des pierres romaines provenant d'un temple dédié à Mars et à Jupiter.

Saint-Bertrand-de-Comminges

Le Mont-Saint-Michel des terres

Le « Mont-Saint-Michel des terres » dont nous parle un poète se dresse, selon un autre, dans un « décor toscan de lumière et de vignes ». Voyez en effet comment la basilique Saint-Just de Valcabrère, isolée dans les champs et arrimée à ses immenses ifs noirs, semble annoncer, au bout d'une mer houleuse et verte, la nef gothique et la puissante tour romane de Saint-Bertrand-de-Comminges. Cathédrale déchue, à l'horizon bouché par les montagnes, endormie après le passage des derniers pèlerins : qu'il est loin le temps de l'Europe pèlerine en marche vers Saint-Jacques-de-Compostelle ! Pourtant Saint-Bertrand en a gardé la piété, la sérénité et la pureté. Son cloître de pierre rose abandonné des moines est devenu le rendez-vous des poètes. L'immense église au jubé et aux soixante-dix stalles sculptées, les maisons médiévales et Renaissance... tout ici est admirable.

Le Lugdunum pyrénéen

Comminges. Un nom de belle consonance, mais difficilement situable sur la carte : cet ancien comté du duché d'Aquitaine, entre Garonne et Pyrénées, occupait un territoire aujourd'hui à

cheval sur l'Ariège, la Haute-Garonne, le Gers et les Hautes-Pyrénées. Pour remonter le temps, il faut ici reconstruire l'histoire des pierres et des marbres réutilisés successivement à chaque civilisation. Aujourd'hui incorporés à la belle église de Valcabrère et à celle de Saint-Bertrand, ils ont été façonnés dans les styles des hommes qui s'y sont succédés.

La ville connut deux grandes époques de gloire. La première fut gallo-romaine : Lugdunum Convenarum était alors une ville digne des cités de l'Empire romain, avec son acropole et son théâtre. Elle aurait compté jusqu'à 60 000 habitants au Ier siècle de notre ère. Elle fut saccagée par les Vandales en 409. Il en reste le nom de Comminges, dérivé de Communica, lieu de rencontre des peuples pyrénéens. La seconde fut romane. Ce fut une période exceptionnelle.

Saint Bertrand, évêque de Comminges

Saint Bertrand, neveu de Robert, le Pieux, d'origine toulousaine, est un des prélats de la réforme grégorienne et un bâtisseur de sanctuaires. Pendant les cinquante ans de son évêché (1073-1123), il s'attache à rendre sa gloire passée à cette ville dont Grégoire de Tours disait qu'il n'en restait aucune pierre debout où un chien puisse lever la patte. Il restaure l'oppidum, fait du donjon, véritable forteresse, le clocher de sa cathédrale, et vit assez pour voir

Détail d'un des chapiteaux. Ils sont tous d'âges différents. Certains, les plus beaux, ont pour seul décor des entrelacs.

s'élever, sur le point culminant de la colline, la façade de la cathédrale avec son tympan sculpté, ainsi que les trois premières travées de la nef. Son tombeau attirera les foules venues d'Espagne vers l'Aquitaine anglaise.

Des constructions primitives, il reste aujourd'hui le petit cloître roman aux superbes chapiteaux décorés d'entrelacs, hésitant entre romanité et art roman. Ne manquez pas d'observer le célèbre pilier des quatre évangélistes, sculpté avec soin dans un tambour de colonne antique : c'est un chef-d'œuvre ! Et bien sûr d'admirer le haut et puissant vaisseau de la nef gothique, construit sans bas-côté, sans déambulatoire ni transept. Il est l'œuvre d'un ancien évêque de Comminges (1295-1299), Bertrand de Got (nom qu'emprunta François Mauriac pour un de ses personnages de roman, s'étant souvenu sans doute de son titre d'archevêque de Bordeaux), qui devint le premier pape d'Avignon sous le nom de Clément V et qui sera présent à Saint-Bertrand-de-Comminges pour procéder, le dix-septième jour du mois de février 1309, à l'élévation du corps de son prédécesseur, canonisé vers 1218.

Une église dans l'église

Dans la seconde moitié du XVIe siècle, sous le règne de l'évêque Jean de Mauléon, l'église se voit dotée d'un ensemble de boiseries exceptionnel : l'orgue, dont le buffet sculpté de bas-reliefs représentant les travaux d'Hercule est une merveille ; le chœur, véritable « église de bois dans l'église de pierre », dont le jubé permet d'isoler la liturgie et la vie canoniale du va-et-vient incessant des pèlerins. Dans les stalles, dont chaque centimètre carré est prétexte à d'exubérantes sculptures, chaque dignitaire de l'église a sa place assignée à vie.

Au XVIe siècle, Saint-Bertrand, place forte catholique coincée entre un Béarn et une ville de Foix gagnés à la Réforme, est décimée par les Huguenots. En 1594, les bandes de Corbeyran d'Aure pillent l'église, ne restituant que la licorne de la fontaine de saint Bertrand, d'où sortait une eau miraculeuse.

Plus tard, l'église est restaurée. Mais ses prélats l'abandonnent, préférant leurs palais d'Alau ou de Saint-Gaudens. Au XVIIe siècle, Gilbert de Choiseul, évêque de Comminges, y est exilé par Louis XIV. Le siècle des Lumières est marqué de l'empreinte des abbés Osmond (oncle et neveu), et la Révolution rebaptise Saint-Bertrand en Hauteville. De ce site grandiose sans réelle appartenance monastique, Lamartine disait qu'on découvrait l'une des plus belles vues du monde.

Le cloître de la cathédrale est de plan irrégulier : douze travées au sud, cinq à l'est et huit à l'ouest. Voyez le pilier des Quatre Évangélistes, sculpté dans une colonne antique.

Ci-dessous, saint Bertrand, qui se tient entre saint Sébastien et saint Roch sur un rétable à côté de la porte du jubé.

Page suivante, le chœur de Saint-Bertrand et l'orgue qu'on qualifia de « troisième merveille de Gascogne » furent exécutés au XVIe s. Au premier plan, les évangélistes saint Marc, avec le lion, et saint Jean, avec l'aigle.

Accès

À 18 km au sud de Saint-Gaudens.

Visites

Du 01/04 au 30/06 et du 01/09 au 30/09 : 9h à 12h et 14h à 19h.
Du 01/07 au 31/08 : 9h à 19h.
Le reste de l'année : 9h à 12h et 14h à 18h.

Tél. 61 89 04 91

À ne pas manquer

- Le cloître et ses chapiteaux,
- le trésor,
- les boiseries du chœur des chanoines,
- le jubé.

Abbaye de Fontfroide, galerie du cloître.

Saint-Michel-de-Cuxa

Fontfroide

Saint-Martin-du-Canigou

Valmagne

Sénanque

Silvacane

Le Thoronet

Montmajour

Iles de Lérins

La Grande Chartreuse

Hautecombe

Le Sud-Est

Voyez ces abbayes accrochées à la montagne, à cette terre flamboyante et chaude du Roussillon. Saint-Michel-de-Cuxa, Saint-Martin-du-Canigou... C'est là qu'éclatait, au Xe siècle, le premier art roman catalan qui marqua le recul définitif des influences musulmanes.
Mais remontons plus au nord, tout au bout d'une route des Corbières, jusqu'à une gorge sauvage piquée de cyprès et de vieux oliviers. Soudain surgit Fontfroide, telle une source d'eau fraîche en plein été. La voilà donc la plus riche des abbayes du Languedoc, celle qui fut la citadelle cistercienne en pays cathare.
La Provence est alors toute proche, terre de romanité et de chrétienté : laissons un instant nos oreilles s'habituer à la vibrante sonorité des noms, litanie qui se murmure à l'ombre des fontaines. Il était une fois trois sœurs cisterciennes de Provence, le Thoronet, l'aînée, Silvacane, la cadette, et Sénanque, la plus jeune.
Tout ici exprime la quête de la lumière dans un dépouillement en parfaite harmonie avec l'ascèse, ce cheminement spirituel qui signifie détachement total : « Par le silence et cette simplicité, nous nous transformons, avançant de clarté en clarté », disait Gilbert de Hoyland. Ici, vous découvrirez la beauté, la nudité, le silence. Les nuits y bruissent de mille cigales. Et le haut parfum exhalé par une terre chauffée au soleil viendrait-il troubler les âmes jusqu'aux portes des abbayes ? Solitude et silence également d'une île de la Méditerranée qui accueillait saint Honorat et ses disciples. Malgré les sarrasins et les pirates, l'abbaye a traversé les siècles pour nous offrir aujourd'hui son havre de paix et de splendeur.
Alors, pourquoi devrions-nous quitter ces terres si accueillantes pour la solitude glacée des montagnes ? Désert de la Grande Chartreuse perdue au pied d'immenses falaises calcaires. Ces moines de l'extrême qui, novices, portent la chape noire, symbole de deuil des hommes qu'ils ont été. « Réjouissez-vous d'avoir échappé aux flots agités de ce monde, d'avoir gagné le repos tranquille et la sécurité d'un port caché ; beaucoup désirent l'atteindre et n'y parviennent point », écrivait Bruno en 1100 à ses fils chartreux.

Saint-Michel-de-Cuxa

La catalane

Des deux tours de la splendide abbatiale préromane ne subsiste que la méridionale, à la silhouette puissante, où se lisent des influences lombardes. S'élevant au-dessus de la vallée de Prades, elle jouit d'un remarquable arrière-plan : la montagne du Canigou qui domine tout le Roussillon. C'est en 879 que ce site magnifique est choisi par une communauté bénédictine pour l'érection de sa première église. Le monastère, placé sous la protection des comtes de Cerdagne, profite des relations privilégiées qu'entretient Rome avec l'Église catalane. Très tôt, Cuxa se voit dotée d'un patrimoine considérable et peut alors entreprendre, sous la direction de l'abbé Pons, la construction d'une des plus émouvantes et plus harmonieuses églises des Pyrénées orientales dans la tradition wisigothique d'inspiration byzantine.

Un abbé clunisien

Le 30 septembre 974, en présence du comte de Cerdagne Oliba Cabreta, l'église est consacrée par l'abbé clunisien Garin. Ce moine au charisme exceptionnel est un grand voyageur. Il se rendra plusieurs fois à Rome, en Terre sainte et à Venise, où il fera la connaissance du doge Orseolo qui se retirera à Cuxa comme simple moine, apportant avec lui un précieux trésor. Le second grand abbé, Oliba, fondateur de l'abbaye bénédictine de Montserrat poursuit l'œuvre de ses devanciers. L'abbaye connaît alors son apogée et fait appel à des sculpteurs régionaux qui réalisent le cloître puis la tribune, exploitant le marbre rouge des fameuses carrières situées à proximité de l'abbaye.

Un fils de pape et un futur pape

Au XVIe siècle, le régime de la commende est instauré, avec les conséquences néfastes que l'on sait. Parmi les abbés commendataires, citons César Borgia (1476-1507), fils du pape Alexandre VI et dont la vie inspira le personnage du Prince dans l'œuvre de Machiavel, ainsi que Jules de Médicis, neveu de Laurent le Magnifique et futur pape sous le nom de Clément VII (1478-1534). Mais Cuxa, privée de l'essentiel de ses revenus, périclite rapidement. Les moines sont chassés à la Révolution. Il faudra attendre 1919 pour voir se réinstaller à Cuxa les cisterciens de Fontfroide. Pourtant, ceux-ci ont cédé le monastère, en 1965, aux moines de l'abbaye catalane de Montserrat.

De la route qui vient de Prades ou de celle qui monte à Tauninyà surgit, se détachant de l'abbaye, le clocher roman de Saint-Michel-de-Cuxa. Cette tour crénelée possédait à l'origine son pendant à l'autre extrémité du transept. Elle s'effondra en 1839.

La structure de l'église est celle de la basilique du Xe s., avec une seule nef séparée des latéraux par des arcades en fer à cheval dit « wisigothique », rares spécimens de l'art préroman en France.

Accès

À 3 km au sud de Prades.

Visites

Du 01/05 au 30/09 :
9h30 à 12h et 14h à 18h.
Du 01/10 au 30/04 :
9h30 à 12h et 14h à 17h.
Fermé le dimanche matin

Tél. 68 96 15 35

À ne pas manquer

- l'Église,
- la crypte de la Vierge de la Crèche,
- le cloître,
- Le clocher.

Festival de musique
Journées romanes

En 1908 le cloître risqua d'être démantelé par Georges Gray Barnard, dont la collection de chapiteaux est aujourd'hui au musée des Cloîtres, à New York. Une famille languedocienne fera de la surenchère pour acquérir l'abbaye et entreprendra sa restauration.

Fontfroide

Citadelle cistercienne en pays cathare

Une source d'eau fraîche jaillit de la roche chaude : c'est Fontfroide, dans les Corbières, non loin de Narbonne. Fontfroide, la plus éblouissante abbaye cistercienne du Languedoc, bijou de grès gris, rose et ocre baignant dans le parfum de la garrigue.

Belle et riche abbaye languedocienne

Le pape Urbain II ayant annoncé l'organisation de la première croisade en 1095, le vicomte de Narbonne, avant de s'engager, autorise une communauté de moines à s'installer sur ses terres de Fontfroide. Soumise à la règle de saint Benoît, elle va passer sous l'obédience de l'abbaye de Grandselve, fille directe de Clairvaux, et donc devenir cistercienne en 1145. Les donations de la vicomtesse de Narbonne vont ensuite permettre la construction, aux XIIe et XIIIe siècles, d'une des

Au bout d'une route des Corbières, à 12 km de Narbonne, elle surgit soudain dans une gorge sauvage piquée de cyprès et de vieux oliviers.

plus belles abbayes du Languedoc, vaste ensemble de style roman ogival, chef-d'œuvre d'élégance et de dépouillement.

Fontfroide grandit et essaime. Elle fonde bientôt l'abbaye de Poblet en Catalogne, celle de Valbonne dans la montagne d'Argelès, ainsi que les monastères de femmes d'Elne près de Perpignan, des Olieux à Narbonne et de Rieunette près de Saint-Hilaire et implante vingt-quatre granges. Lorsque naît l'hérésie albigeoise, Fontfroide est de loin la plus riche abbaye du Languedoc.

Au cœur de la lutte contre les albigeois

Les cathares, ou albigeois, sont animés par un idéal de pauvreté hostile à l'autorité et aux sacrements de l'Église et croient en une lutte permanente entre les principes du Bien et du Mal. Hérésie que le comte de Toulouse, Raimond VI, soutenu par l'aristocratie locale, laisse se répandre sur ses terres. L'Église réagit alors violemment, d'abord par des moyens pacifiques, puis par l'appel à la croisade. Épaulé par le puissant ordre de Cîteaux, le pape Innocent III organise directement l'offensive. Il désigne deux moines de Fontfroide pour lui servir de légats. L'un d'eux, Pierre de Castelnau, va sillonner le Languedoc à la recherche d'appuis sûrs, mais en vain. En janvier 1208, au retour d'une dernière entrevue avec le comte de Toulouse, il est assassiné près de Saint-Gilles par un écuyer du comte. L'offensive est alors déclenchée. Le nouveau légat pontifical, Arnault (enterré à Fontfroide), en confie la direction à Simon de Montfort, qui mettra le Languedoc à feu et à sang. La croisade s'achèvera avec le traité de Paris de 1229, mais l'Inquisition prendra le relais jusqu'en 1244, date à laquelle les derniers résistants périront brûlés vifs.

Le cardinal blanc devient pape

De grands abbés marquent la fin du XIIIe siècle et le début du XIVe, tel Arnaud de Novelli, dont l'abbatiat dure onze ans. Ayant remarqué son exceptionnelle personnalité, le pape Clément V le nomme vice-chancelier de l'Église romaine et cardinal, puis l'envoie en 1311 en Angleterre réconcilier les barons anglais avec leur roi Édouard II. Arnaud prend également part au procès des dignitaires du Temple. Son corps repose à Fontfroide au milieu du chœur.

Son neveu, Jacques Fournier, lui succède à Fontfroide de 1311 à 1317. En 1326, il est évêque de Mirepoix. Et lorsqu'en 1327 le pape Jean XXII le revêt de la pourpre cardinalice, il continue à porter le vêtement des Cisterciens, d'où son nom de « cardinal blanc ». À la mort de Jean XXII en 1334, il est élu pape, sous le nom de Benoît XII : « Vous venez d'élire un âne », aurait-il dit. Il est pourtant passé à l'histoire pour avoir réformé les ordres religieux dont celui de Cîteaux, exigeant le retour à la discipline primitive. Après lui, l'abbaye périclite et connaît de graves troubles. Elle passe sous le régime de la commende dès 1476. Fontfroide, ruinée, n'abrite plus qu'une poignée de moines. En 1764, Louis XV supprime le titre abbatial, incorporant le patrimoine de l'abbaye au siège épiscopal de Perpignan.

Cloître des XIIe et XIIIe s. Les arcades reposent sur des colonnettes de marbre géminées dont les chapiteaux sont sculptés de motifs floraux.

Entrée de la salle capitulaire, pur chef-d'œuvre de l'art roman. Au-dessus, le dortoir des moines communique avec l'abbatiale par un grand escalier.

Accès

À 15 km au sud-est de Narbonne.

Visites

Du 1/04 au 9/07 :
10h à 12h et 14h à 17h.
Du 10/07 au 31/08 :
9h 30 à 18h 30.
Du 1/09 au 31/10 :
10h à 12h et 14h à 17h.
Du 1/11 au 31/03 :
10h à 12h et 14h à 16h.

Tél. 68 45 11 08

À ne pas manquer

- Le cloître et ses chapiteaux,
- la salle capitulaire,
- le dortoir des moines,
- l'église abbatiale,
- la roseraie.

Concerts

Chapiteau du cloître.

Saint-Martin-du-Canigou

Le nid d'aigle

Perché à 1 065 mètres d'altitude, à l'aplomb d'un précipice, le monastère de Saint-Martin-du-Canigou est un véritable nid d'aigle. Pour l'atteindre il faut, au sortir du village de Casteil, emprunter une route qui sinue au milieu de superbes paysages de montagne dominés par les 2 784 mètres du pic du Canigou. Au bout de quarante-cinq bonnes minutes de marche, on passe sous la voûte du clocher carré, flanqué d'une absidiole en surplomb, de la petite chapelle Saint-Michel.

Il creuse sa propre tombe

Saint-Martin-du-Canigou entre dans l'histoire en 1001, grâce à son fondateur Guifred, comte de Cerdagne, qui s'y retire en 1025, à la mort de sa seconde femme, Élisabeth. La légende veut qu'il ait lui-même creusé sa tombe dans le rocher, avant d'y être enterré en 1049. À ses côtés, toute proche de l'église, se trouve également la tombe de sa première épouse Guisla. Saint-Martin, à ses tout débuts, est lié à l'abbaye voisine de Saint-Michel de Cuxa. C'est d'ailleurs l'abbé de Cuxa, Oliba, qui dirige la communauté jusqu'à ce qu'elle soit assez nombreuse pour élire son premier abbé en 1014. Et c'est un autre moine de Cuxa, Sclua, qui est appelé pour élever l'église, dont la première consécration remonte à 1009. À l'origine il s'agissait de deux sanctuaires superposés, de petites dimensions, exemples précoces d'édifices entièrement voûtés. En effet, selon une antique tradition, l'église basse dédiée à Notre-Dame-Sous-Terre servait de crypte à l'église haute datant du XIe siècle.

Pendant les sept siècles de son histoire, la communauté de Saint-Martin-du-Canigou vivra dans l'isolement et l'extrême pauvreté. En 1779, le dénuement est tel que les derniers moines de l'abbaye obtiennent l'autorisation de la quitter. Abandonnée à la Révolution, elle tombera vite en ruines.

En 1902, la reconstruction pierre par pierre de l'édifice est entreprise. Mais cette restauration semble s'être faite de façon quelque peu aléatoire. Si l'on peut parler de réussite dans le cas de l'église, pour le cloître, en revanche, le résultat paraît fantaisiste. Signalons toutefois ses très beaux chapiteaux sculptés.

La galerie sud du cloître, donnant sur un précipice, a été entièrement reconstituée en récupérant les chapiteaux de marbre de l'étage supérieur disparu.

Un site exceptionnel à l'ombre du Canigou que l'on découvre en empruntant un escalier à travers les bois. Voyez ce cloître insolite, l'église et, sur le côté nord du chœur, le clocher carré rythmé de bandes lombardes terminé par une plate-forme crénelée.

L'église « haute », du XIe s. Les chapiteaux grossièrement sculptés sont parmi les plus anciens du Roussillon. Le socle du maître-autel provient d'un chapiteau de l'ancien cloître.

Accès

À 10 km au sud de Prades.

Visites

Du 15 juin au 14 septembre
10h,12h, 14h,15h, 16h, 17h
Du 15 septembre au 14 juin
10h,12h, 14h 30,15h 30,
16h 30.

Fermé le mardi
du 1er octobre à Pâques.

Tél. 68 05 50 03

À ne pas manquer

– Les deux églises,
– le cloître,
– le site.

Ci-dessus, la fontaine surmontée d'un dôme à huit nervures.

VALMAGNE

La cathédrale des vignes

L'abbaye de Valmagne est sans doute la plus surprenante des caves vinicoles de l'Hérault : l'alignement des foudres sous les travées de la magnifique nef a de quoi surprendre le plus blasé des visiteurs. Mais ce vaste et bel édifice au style gothique venu du nord, qui s'élève, majestueux, au milieu du vignoble languedocien, avec en arrière-plan la roche ciselée connue sous le nom de « dentelle de Valmagne », est en lui-même un spectacle. Rien ici ne rappelle la rigueur cistercienne, et pourtant Valmagne fut bel et bien rattachée à l'ordre de Cîteaux en 1159, par décision du pape Adrien IV, le seul pape anglais de l'histoire de l'Église.

UNE DISPENSE D'OBÉISSANCE

En 1139, des moines venus de l'abbaye bénédictine d'Ardorel choisissent cette vallée de l'arrière-pays sétois, non loin de l'étang de Thau, pour y fonder un monastère à la demande de

Raymond Tancavel, vicomte de Béziers. En 1145, la communauté décide de s'affilier à Cîteaux. Une fois obtenue l'obligatoire dispense d'obéissance envers son abbaye d'origine, Valmagne est placée sous l'autorité de l'abbé de Bonnevaux en Dauphiné, septième fille de Cîteaux. Les donations affluent et les possessions s'étendent rapidement sur les fiefs voisins, parmi lesquelles des terres, des granges, des moulins, des métairies, des pêches. Valmagne possède en outre son propre collège à Montpellier, chargé de former les novices.

Les fenêtres hautes de cette immense église gothique ont été murées après le saccage des guerres de Religion.

Des maîtres d'œuvre venus du nord de la France

L'église romane étant devenue trop petite, on se lance en 1257 dans la construction d'une nouvelle abbatiale. L'abbé décide alors de faire appel à des maîtres d'œuvre du nord de la France, ce qui explique sa grande taille et son style gothique, qui la différencient de la plupart des églises du Midi. Les dimensions du nouvel édifice sont en effet étonnantes : 83 mètres de longueur et près de 25 mètres de hauteur. Autour du déambulatoire, pas moins de neuf chapelles rayonnantes.

La construction du cloître, elle, est entreprise au début du XIVe siècle. Sa galerie sud, située devant le réfectoire et qui s'ouvre sur une belle fontaine à ablutions abritée sous un pavillon octogonal, sera remaniée au XVIIIe siècle, lorsque le cardinal de Bonzi voudra transformer Valmagne en résidence princière.

Le cloître conserve derrière cette façade gothique des parties romanes.

Un vin de pays à la belle robe rubis

Après la Révolution, Valmagne se transforme en domaine vinicole, l'église servant de chai de vieillissement. En 1839, elle devient propriété du comte de Turenne.

Depuis, ce haut lieu de la vie monastique marqué de l'empreinte cistercienne porte le nom de « domaine de Valmagne » : 26 hectares d'Appellation d'Origine Contrôlée et 49 hectares de vin de Pays donnent naissance à des cuvées à la belle robe rubis, bouquetées, élégantes et charpentées, avec, précisent encore les guides, des arômes parfaitement fondus !

À gauche, la fontaine-lavabo du XVIIIe s. Des têtes de griffon déversent une eau cristalline.

Ces deux magnifiques vases acquis au XVIIIe s. par le cardinal de Bouzi ont été placés entre la salle capitulaire et le cloître (ci-dessous). Remarquez ces ensembles de colonnettes à chapiteaux. Certaines sont en marbre et proviennent d'une ancienne villa romaine.

Accès

À 30 km au sud-est de Montpellier.

Visites

Du 15/06 au 30/09 :
10h à 12h
et 14h30 à 18h30.
Du 01/10 au 14/06 :
14h à 18h.
Fermé le 25 décembre.

Tél. 67 78 06 09

À ne pas manquer

– Le cloître,
– la salle capitulaire,
– la fontaine,
– le réfectoire,
– l'église.

Concerts

Le chauffoir ou la salle des moines. Ne possédant pas de scriptorium, les copistes de Sénanque œuvraient dans cette pièce.

Sénanque

Dans les lavandes de Provence

Non loin de Gordes, dans le creux d'un vallon du plateau de Vaucluse, on peut apercevoir, nichés au milieu des champs de lavande et se fondant dans l'environnement rocheux, les toits de lauzes et les murs de pierre de ce beau témoin de l'architecture monastique du XIIe siècle.

Un vallon marécageux

Les douze premiers moines venus en 1148 de Mazan-en-Vivarais s'installer dans ce... vallon marécageux (sens du nom celte « sénanque ») doivent commencer par le drainer en creusant un canal, celui qu'enjambe encore l'abbaye, et un réservoir destiné à servir de vivier. Une seconde donation, signalée dans le chartier de l'abbaye à Avignon, leur permet bientôt d'occuper le vallon « en son entier » avec ses coteaux, soit une centaine d'hectares qu'ils défrichent et exploitent en terrasses appelées « restangues ». À la mort de son fondateur Pierre de Mazan en 1184, l'abbaye compte déjà trente moines.

L'église et les bâtiments conventuels mettront cinquante ans à s'élever, mais on les découvre aujourd'hui tels que le XIIe siècle les a laissés, dans leur pur dépouillement cistercien – seule

entorse à la règle : l'église est orientée nord-sud. Les donations affluent vers Sénanque pendant plus d'un siècle. Guillaume de Baux cède ses salines de Berre ; du mont Ventoux jusqu'au plateau d'Albion et à Sisteron, les possessions se multiplient.

Les grands abbés de Sénanque

À Bernard Clément et Pierre V succéderont Bertrand II, vite nommé à la tête de l'abbaye de Bolbonne, puis Bernard, qui sera chargé de régler la succession des Templiers dans le diocèse de Cavaillon avec l'évêque Cabassole – dont l'ami Pétrarque a sans doute écrit son *Traité de la vie solitaire* à Sénanque. Mais après les quarante-neuf ans d'abbatiat de Jean Ier, la décadence s'installe. L'abbé régulier sera alors remplacé par un administrateur.

En 1471, Jean Casaletti, jeune docteur en droit, rétablit l'ordre et l'esprit cistercien, redresse les comptes et restaure l'abbaye. Il fondera aussi le collège cistercien de Sénanque en Avignon, et en 1487 siégera aux états généraux d'Aix, soutenant le rattachement de la Provence à la couronne.

François d'Estaing, son successeur, est le premier abbé commendataire de Sénanque. Homme de grandes piété et droiture morale, il fut surnommé « le père des pauvres » lors de la terrible peste de Carpentras, mais fut aussi un habile diplomate qui servit de tampon entre Louis XII et les États pontificaux.

Saint Bernard, qui inspira l'architecture de Sénanque : sobriété des bâtiments dépouillés de toute ornementation jusqu'à réduire au strict minimum la taille du clocher.

Victime de la révolte des Vaudois

Secte dissidente de l'Église fondée au XIIe siècle, les vaudois, considérés comme hérétiques, eurent à subir les croisades lancées contre eux par Innocent III en 1209 et Innocent VIII en 1487. En 1532, alliés aux protestants, ils se rebellent contre l'interdiction décrétée par le parlement d'Aix d'exercer leur culte. Sur l'ordre de François Ier, huit cents « pauvres de Lyon » prennent alors d'assaut l'abbaye en 1544. Les lieux sont incendiés, les moines capturés et deux d'entre eux pendus. L'abbé Pierre de Forli fera dresser un inventaire précis du désastre : démolition du bâtiment des convers, gros dégâts dans le réfectoire, disparition complète de la bibliothèque et des archives. Puis, en 1580, la peste revient...

Ci-contre, le chevet de l'église abbatiale. Exceptionnelle harmonie des teintes, violet-mauve des lavandes, bleu profond du ciel, ocre des toits de lauzes sur un fond de bois et de guarrigue immuablement verte.

Tentatives de renouveau

De ce désastre, l'abbaye ne commence à se remettre qu'à la fin du XVIIe siècle, lorsque Arnaud de Béthune, nommé par Louis XIV, entreprend la reconstruction d'une partie de l'abbaye. Mais celle-ci est exsangue et dépeuplée.

À la Révolution, Alex de Léouze, qui la rachète, la préserve et la consolide. Ses héritiers la vendent en 1854 à l'abbé Barnouin, ancien vicaire en quête d'un site pour sa nouvelle communauté religieuse. Mais l'abbaye, restaurée puis affiliée à l'ordre de Cîteaux, s'avère vite trop petite et va donc essaimer.

Contraints de s'exiler en 1880, les moines ne reviennent qu'en 1926. En 1969, trop peu nombreux, ils rejoignent la communauté de Lérins. L'abbaye devient alors un centre culturel de rencontres. Mais depuis 1988, huit moines y perpétuent à nouveau la tradition cistercienne.

Accès
À 5 km au nord de Gordes.

Visites
Du 01/03 au 01/11 : 10h à 12h et 14h à 18h.
Du 02/11 au 28/02 : 14h à 18h.
Fermé les dimanches matin, les jours de fêtes religieuses, le Vendredi Saint.

Tél. 90 72 05 72

À ne pas manquer
– Le cloître,
– les bâtiments conventuels,
– l'église.

Silvacane

La cadette

Silva canorum, forêt de roseaux : tel est le nom de la cadette et sans doute la plus discrète des trois sœurs cisterciennes de Provence. Qui dit roseaux dit marais... cadre bien singulier pour des cisterciens, ceux-ci nichant en général leurs abbayes dans la solitude de profondes forêts. Pourtant c'est bien là, en bordure de la Durance, sur une sorte d'éminence rocheuse émergeant d'une vaste étendue marécageuse, que s'établissent, en 1144, douze moines venus de Champagne. Ils ont quitté Morimond, quatrième fille de Cîteaux, sous la conduite d'Othon, demi-frère de l'empereur germanique

Comme au XIIe s., Silvacane apparaît toujours dans un décor champêtre. Son petit clocher carré n'a plus sa flèche en pierre à quatre pans et les dalles des toitures ont été remplacées par des tuiles.

Le chauffoir. C'est là que les moines venaient y trouver un peu de réconfort lorsque soufflait le mistral en hiver.

Accès

À 30 km au nord d'Aix-en-Provence.

Visites

Du 01/04 au 30/09 : 9h à 19h.
Du 01/10 au 31/03 : 9h à 12h et 14h à 17h.
Fermé le mardi (hors saison), et les 01/01, 01/05, 01 et 11/11, 25/12.

Tél. 42 50 41 69

À ne pas manquer

- Les bâtiments conventuels,
- le cloître,
- l'église.

Conrad III (1093-1152), et retrouvent là une communauté de quelques moines installée depuis le XIe siècle et dépendant de Saint-Victor de Marseille.
La communauté reçoit les terres de Guillaume de Fuveau et de Raimond des Baux, dont les familles trouveront sépulture dans l'abbatiale, et va prospérer deux siècles durant, grâce à la mise en culture d'une bonne partie de la vallée de la Durance, sur des terres s'étendant jusqu'au Lubéron. En 1188, elle essaime à son tour à Valsainte, près d'Apt.

Conflit ouvert avec Montmajour

L'église, construite entre 1170 et 1230, est un surprenant édifice au plan parfaitement cistercien, à la nef large et puissante. Tout ici est d'une nudité absolue : Silvacane semble être la quintessence de cet art cistercien dépouillé à l'extrême, invitant à la vie contemplative et à l'ascèse. Le cloître, lui, date de la seconde moitié du XIIIe siècle. L'abbaye n'abritera jamais plus d'une vingtaine de moines.
Mais bientôt Silvacane s'épuise dans un long et coûteux conflit avec la puissante abbaye bénédictine de Montmajour, conflit qui ira jusqu'à la lutte armée et à la prise d'otages. Et le XIVe siècle voit sa décadence s'accélérer du fait d'une série de drames : les très graves inondations de la Durance d'abord, les pillages de 1358 ensuite, œuvre des bandes du seigneur d'Aubignan, le tout ponctué de nombreux incendies et de récoltes catastrophiques.
Au début du XVe siècle, l'abbaye est quasiment abandonnée, et en 1443 elle est rattachée au chapitre de la cathédrale d'Aix. L'abbatiale devient alors l'église paroissiale d'un village de colons d'obédience vaudoise, La Roque-d'Anthéron qui a la facheuse réputation de malmener ses curés. Il avait été fondé au début du XVIe siècle par le marquis de Janson pour l'exploitation de nouvelles terres.
On trouve encore à Silvacane quelques traces de fortifications imposées par les aléas des guerres de Religion, qui virent catholiques et protestants occuper les lieux tour à tour. Les révolutionnaires de 1791, eux, ne purent que constater l'abandon de l'abbaye par les religieux. Silvacane fut alors vendue et transformée en bâtiment de ferme. Mais en se portant acquéreur de l'abbatiale en 1856 et des autres édifices en 1947, l'État sauva l'un des plus beaux ensembles abbatiaux de Provence.

L'église est un modèle de l'architecture cistercienne de Provence : 39 m de long, 20 m de large et un transept de plus de 27 m.

Il fallut aux architectes jouer avec la pente très accentuée du terrain en établissant différents niveaux. Ici, le croisillon gauche de l'église.

Ci-contre, le cloître trapézoïdal est adossé au flanc nord de l'église. En raison de la pente, les galeries ouest, est et nord sont en contrebas. Remarquez la puissance des arcades divisées en deux baies.

Le Thoronet

L'aînée provençale des filles de Cîteaux

Le Thoronet, c'est l'aînée, et sans doute la plus belle, la plus pure, la plus authentique des trois sœurs cisterciennes de Provence. Pour la découvrir, il faut emprunter une route sinueuse à travers la forêt de la Darboussière, dans ces collines du Haut Var arides et sauvages. Tout juste se laisse-t-elle entrevoir dans son vallon verdoyant, nichée au milieu des chênes verts, à l'abri des bruits et du va-et-vient des carrières de bauxite. Vestige miraculeusement préservé de l'époque romane, l'abbaye, par la pureté, l'austérité et le dépouillement de son architecture, est par excellence le lieu où l'on médite et où l'âme s'élève vers les hauteurs mystiques.

Absence de décoration, pureté des lignes, acoustique remarquable ! Le chœur est en cul-de-four précédé par un arc surmonté d'un oculus. La voûte en berceau qui domine ici est légèrement arrondie atténuant la trop grande sévérité de l'édifice.

Des collines d'accès difficile

L'abbaye naît en 1136, avant Silvacane, sa cadette de quelques années (1144), et avant Sénanque, la troisième sœur, fondée en 1148. Après une installation infructueuse dans la vallée de Florielle, près de Tourtour, les moines de Mazan vont emmigrer, 20 kilomètres plus loin, sur les terres fertiles et verdoyantes du Thoronet : Raimond Béranger, comte de Provence, désireux de fonder un monastère loin du monde, dans le silence et le recueillement, a choisi de leur céder ces collines difficiles d'accès, conformément au vœu de saint Bernard et à la plus pure tradition cistercienne, afin d'y implanter leur communauté.

L'abbaye se voit dotée de pâturages, de granges, de fermes et même de salines à Marignane. Ces dernières, legs d'Étienne de Baux et de son fils Hugues, s'avéreront essentielles à ses finances, le sel jouant à cette époque un rôle primordial dans la conservation des aliments. Mentionnons aussi le château de Lorgues, à 13 kilomètres de là, don du roi d'Aragon Alphonse II. Mais Le Thoronet n'est pas pour autant une abbaye riche.

Des procès incessants

Jusqu'au XVe siècle, elle ne connaît que l'humilité et l'oubli, laissant son histoire s'inscrire dans les registres des procès qu'il lui faut en permanence soutenir pour préserver son indépendance et ses droits. Très tôt, dès 1435, elle est mise en commende, d'où un relâchement de la discipline. La pauvreté contraint alors les moines à intenter une longue série de procès à leur propre abbé commendataire. En 1614, face à la menace des Huguenots, l'abbaye est provisoirement abandonnée. Ruinée en 1787, elle est sécularisée et rattachée à l'évêché de Digne, et la Révolution ne trouvera à déloger que sept très vieux moines vivant dans la plus totale pauvreté. Vendus en 1791 puis laissés à l'abandon, les bâtiments menacent ruine ; l'église n'a plus de toiture. Pourtant, grâce à l'intervention de Prosper Mérimée, alors inspecteur des Monuments historiques, l'abbaye sera sauvée : il la fait acheter par l'État en 1854.

Les fameuses « pierres sauvages »

Depuis l'installation des petites sœurs moniales de Bethléem en 1978, Le Thoronet a retrouvé sa vocation monacale. Celles-ci occupent un nouveau bâtiment situé à 300 mètres de l'abbaye, laissant à la disposition des retraitants quelques ermitages où l'on peut apprécier le silence et la solitude de lieux qui abritèrent si longtemps l'aînée provençale des filles de Cîteaux.

Quant au visiteur, il sera immanquablement séduit par l'austérité architecturale d'une des plus belles abbayes romanes de Provence, faite de lignes très pures et d'une lumière admirablement mesurée. Il reverra les moines évoluer en bure blanche entre les murs de pierres taillées, posées à la perfection et à la chaude patine – ces fameuses « pierres sauvages » célébrées par l'architecte Fernand Pouillon, qui représentent le seul luxe des lieux.

Et pourtant c'est peut-être un chef-d'œuvre en péril qu'il aura sous les yeux. Les désordres hydrogéologiques dus à l'exploitation des mines pourraient être fatals à l'abbaye !

Ci-contre, la façade, d'un pur roman provençal, n'a pas de portail mais deux portes sur les bas-côtés, celle de gauche étant réservée aux frères convers. Ici le petit clocher constitue une exception à la règle cistercienne.

Face à la porte du réfectoire se trouve le lavabo abrité dans un bâtiment hexagonal. La vasque est percée de seize becs laissant s'écouler une eau fraîche et claire.

Accès

À 20 km au sud de Draguignan.

Visites

Du 01/04 au 30/09 : 9h à 19h.
Du 01/10 au 31/03 : 9h à 12h et 14h à 17h.
Fermé les 01/01, 01/05, 01 et 11/11, 25/12.

Tél. 94 73 87 13

À ne pas manquer

– La salle capitulaire,
– le cloître,
– l'église.

Concerts

Ci-dessus, Montmajour a pour figure de proue la chapelle Sainte-Croix, flanquée de ses quatre absidioles. Une légende veut qu'elle ait été fondée par Charlemagne sur les tombes des chevaliers francs morts en luttant contre les sarrazins.

Au centre, sur le mur de la façade occidentale de la tour abbatiale apparaît un écu aux armes de l'abbé Pons de l'Orme (1368-1382).

Ci-contre, tombes rupestres, creusées à même le roc. Les fidèles de l'abbaye se faisaient ainsi inhumer, la partie étroite correspondant aux pieds, tournés vers l'est.

Accès

À 3 km au nord d'Arles.

Visites

Du 01/04 au 30/09 : 9h à 19h.
Du 01/10 au 31/03 : 9h à 12h et 14h à 17h.
Fermé les 01/01, 01/05, 01 et 11/11, 25/12.

Tél. 90 54 64 17

À ne pas manquer

- L'église Notre-Dame,
- la crypte,
- le cloître,
- les chapelles Saint-Pierre et Sainte Croix.

Montmajour

L'abbaye des marécages

Cet ensemble abbatial austère et grandiose fondé au Xe siècle et perché sur un monticule à la sortie nord-est d'Arles, c'est Montmajour. L'endroit est bien inhospitalier lorsque souffle le mistral...

Une mer intérieure

À l'époque romaine, la grande plaine rhodanienne n'était qu'une mer intérieure et les marécages cernaient cet îlot rocheux appelé « île Saint-Pierre » (là, les moines furent victimes de leur assèchement progressif). Une nécropole chrétienne y abritait déjà une petite communauté d'ermites. Mais à partir de 949 s'y développe une implantation bénédictine, qui bientôt se verra confier par Conrad, roi de Bourgogne-Provence, la mission de relever les monastères de Carluc et de Lérins, après le départ des Sarrasins.

L'abbaye, relevant directement du Saint-Siège, dut se battre en permanence pour conserver son indépendance face au pouvoir comtal et à l'archevêque d'Arles.

Un morceau de vraie Croix

La fortune vint grâce au fait qu'elle détenait une relique de la vraie Croix : tous les 3 mai, une foule de pèlerins accédait par barges à la chapelle Sainte-Croix située en contrebas, où la relique était déposée. Ce qui, ajouté à de prestigieuses donations et à la redevance imposée sur la pêche dans les marais, permit à Montmajour de prendre la tête d'un véritable ordre monastique regroupant plus de cinquante prieurés dispersés entre l'Isère et l'Argens.

Une crypte pour abbatiale

On sait qu'il existait un lieu de culte sur l'île depuis le Xe siècle. Et on a trouvé mention de la construction, entre 1016 et 1069, d'une basilique en l'honneur de la Vierge et de tous les saints. Mais de cette période ne subsiste que la chapelle Saint-Pierre, préromane, à nef unique et abside en fer à cheval, entièrement voûtée, qui occupait, hors les murs, une sorte de grotte naturelle dans le flanc sud du rocher. L'abbatiale Notre-Dame, construite sur une crypte, date du XIIe siècle. Une bien curieuse rotonde y abrite un sanctuaire central d'où l'on pouvait, tout en célébrant la messe, surveiller les différents offices en cours dans les chapelles rayonnantes. Le cloître, avec ses arcs surbaissés, est de type provençal. Souvent remanié, il n'a conservé du XIIe siècle que les chapiteaux de la galerie nord. Un solide mur d'enceinte, complété sous l'abbatiat de Pons de l'Orme (1368-1382) par une tour, servit à protéger l'abbaye contre les exactions des Grandes Compagnies.

Une querelle de reliques

En 1430, l'abbaye fut placée en commende. D'où un déclin matériel et spirituel, que vint accentuer une sordide querelle opposant Montmajour au prieuré de Saint-Antoine-en-Viennois, chacun prétendant détenir les reliques de saint Antoine. Le pape et le roi prirent parti pour le prieuré, le clergé et la noblesse de Provence pour Montmajour. On en vint aux mains : les antonistes attaquèrent l'abbaye en 1499, mais furent repoussés grâce à l'aide des Arlésiens. La paix ne fut signée qu'en 1502.

Les guerres de Religion ruinèrent l'abbaye. Les moines l'abandonnèrent jusqu'en 1595 et, de retour, se plièrent difficilement à la règle de saint Maur, destinée à rétablir une authentique vie monastique et à redresser les comptes. Il en résultera la signature d'un concordat, en avril 1639, destiné à fixer les modalités de la réforme.

Un château inachevé

Le début du XVIIIe vit s'effondrer la cuisine, la bibliothèque et le dortoir. Mais le lundi de Pâques 1703, l'archevêque d'Arles posait la première pierre des nouvelles constructions. Le château classique conçu par l'architecte Pierre Mignard, fait d'un bâtiment de 120 mètres et vingt-cinq travées, ne fut jamais achevé. Jamais en effet les moines n'obtinrent de leur abbé une participation financière, malgré de nombreux procès. Quant au dernier abbé de Montmajour, le célèbre cardinal de Rohan, il préféra présenter sa démission au roi le 15 février 1780. Huit ans plus tard, l'abbaye était sécularisée par Louis XVI.

Acquise à la Révolution par la ville d'Arles, Montmajour fut classée monument historique en 1840, puis en 1927 pour les bâtiments du XVIIIe.

Vue du monastère fortifié. Il est édifié sur la pointe avancée de la côte sud. Du sommet, la vue s'étend sur l'ensemble de l'île et sur la côte, de l'Estérel au cap d'Antibes.

ILES DE LÉRINS

Les îles aux moines

Iles paradisiaques que ces îles de Lérins – du nom d'un héros légendaire, Lero, qu'on y vénérait du temps des Romains. Une véritable oasis de verdure et de paix, imprégnée de la senteur des pins et des eucalyptus.

Sainte-Marguerite, la plus grande des deux îles, avec 210 hectares, est couverte aux trois quarts de forêts. Saint-Honorat, la plus petite, avec 40 hectares, est d'accès plutôt difficile et propriété des moines, lesquels, au centre de l'île, cultivent vignobles, potagers et vergers.

DES ILES INFESTÉES DE SERPENTS

Pour nous, l'histoire y commence en 410... avec Honoratus, issu d'une famille de consul fixée en Gaule et dont on dit, sans certitude aucune, qu'il a été initié à la vie érémitique en Orient et a vécu dans une grotte de l'Estérel. Ce qui est sûr, c'est qu'il débarque au début du Ve siècle sur ces îles infestées de serpents en compagnie d'un vieillard, saint Caprais, dans l'intention d'y fonder un ermitage et une école de théologie. Quelques cellules sont construites pour abriter les premiers disciples, qui arrivent de plus en plus nombreux, attirés par sa réputation de sainteté. À la même époque, saint Cassien fonde le monastère Saint-Victor à Marseille.

Belle légende que celle de la sœur d'Honorat : Marguerite, installée sur l'île voisine, avait obtenu de son frère la promesse de venir la voir à chaque floraison des amandiers. Elle pria avec tant de ferveur qu'elle obtint de Dieu que ceux-ci fleurissent tous les mois.

On raconte aussi qu'à leurs tout débuts les moines vivaient autour de sept chapelles dispersées aux quatre coins de l'île, pour se réunir aux seuls offices conventuels.

Le plus célèbre monastère d'Occident

Lorsque Honorat se voit contraint d'accepter l'évêché d'Arles en 426, il laisse derrière lui le plus célèbre monastère d'Occident. La longue liste des apôtres qui en sortiront prouve à elle seule que le Lérins est alors le véritable foyer de cette Europe chrétienne qui se dessine : saint Eucher, évêque de Lyon, le grand saint Patrick, évangélisateur de l'Irlande, saint Loup de Troyes, saint Césaire et saint Hilaire d'Arles, saint Jacques de Tarentaise, saint Apollinaire de Valence, et d'autres encore.

Dès 434, la doctrine de saint Honorat se propage par le biais du *commitorium* de saint Vincent, cette règle de conduite qui exalte l'effort personnel dans la pratique de la vertu et l'ouverture au progrès et à la science. En 660, saint Aygulphe tente d'instaurer à Lérins la règle de saint Benoît, avant d'être assassiné.

L'île Saint-Honorat, l'île aux moines, est longue de 1500 m et large de 400. L'ancien monastère fortifié fut érigé sur les soubassements gallo-romains pour protéger les moines des pirates.

Le massacre des moines

L'un des plus tragiques épisodes de la vie de l'abbaye se situe au VIIIe siècle. Après leur défaite à Poitiers, les Sarrasins se replient sur la Provence et prennent d'assaut l'abbaye, proie riche et facile, tuant l'abbé et massacrant les cinq cents moines. Un des rares survivants, saint Élenthère, rebâtit le nouveau monastère sur les ruines de l'ancien. En 1073, l'abbé Adolbert décide d'en finir une fois pour toutes avec les attaques incessantes des pirates : il fortifie l'abbaye. Le donjon de l'île Saint-Honorat est encore là pour rappeler la peur chronique des moines, qui, à l'approche de la moindre embarcation suspecte, se réfugiaient dans l'enceinte. Mais ce n'est pas chose facile de protéger cet immense monastère de quatre-vingt-six pièces, quatre chapelles, deux citernes, quatre cuisines et plus de cent portes, sans compter les caves creusées dans le rocher où sont conservés bois et vivres pour soutenir un long siège... En 1180, le jour de la Pentecôte, l'abbaye est une nouvelle fois pillée. Et en 1400, elle est victime des corsaires génois, qui tiendront l'île pendant un an. Le désastreux système de la commende, imposé dès 1464, marque le début d'une longue période de déclin.

L'arrivée des Cisterciens

Lorsqu'en 1788 le Lérins est partiellement sécularisé, il ne reste plus que quatre moines dans les lieux. En 1791, l'île Saint-Honorat est vendue aux enchères et acquise par un avocat de Grasse qui l'offre à sa fille, une actrice célèbre du nom de Sainval. Celle-ci y habitera jusqu'en 1830. Mais en 1859, l'île est rachetée par l'évêque de Fréjus et dix ans plus tard, le 5 mai 1869, la vie monastique reprend ses droits grâce à l'arrivée d'une communauté de moines cisterciens de la congrégation de Sénanque. Les bâtiments conventuels sont reconstruits : des anciennes constructions ne survivront qu'un petit cloître gothique à colonnes de marbre hexagonales, la salle capitulaire et la chapelle de la Trinité, bâtie à l'époque carolingienne mais très restaurée. En 1973, les moines de l'abbaye Notre-Dame de Lérins accueillent une autre communauté, les Moniales de Bethléem, qui s'installent dans l'ancien orphelinat, dans la partie la plus silencieuse de l'île. Les retraitants qui se rendent sur l'île doivent aujourd'hui s'engager à respecter le silence et la vie de solitude du monastère. C'est à cette condition qu'ils peuvent découvrir cette splendide île de la Méditerranée, située à quelques encablures des lumières de Cannes, et qui depuis si longtemps abrite la prestigieuse abbaye Saint-Honorat.

Péristyle de 1875, orné des statues du Christ, de saint Michel, saint Pierre, saint Honorat et saint Vincent, menant à l'église. Elle a été construite à l'emplacement de l'ancienne église dont il ne subsiste que la chapelle des Morts, datant du Xe s. (dans le croisillon gauche).

Ci-dessus, le musée regroupe les vestiges gréco-romains trouvés dans l'île ainsi que les éléments de l'ancienne abbaye. Certains documents anciens sont présentés dans la Bible de Lérins, *manuscrit enluminé du XIIe s.*

Accès
À 30 min de Cannes par bateau.

Visites
De 10h à 12h et de 14h15 à 16h30.
Fermé le dimanche matin et les jours fériés.

Tél. 93 48 68 68

À ne pas manquer
- L'ancien monastère fortifié,
- les chapelles de la Trinité et Saint-Sauveur,
- le musée.

Artisanat

La Grande Chartreuse

Le désert

« Réjouissez-vous d'avoir échappé aux flots agités de ce monde, d'avoir gagné le repos tranquille et la sécurité d'un port caché », écrivait saint Bruno à ses fils chartreux en l'an 1100. Combien sont-ils donc encore en France, ces hommes qui ont choisi de vivre une vie de reclus, « de solitude où l'on n'est jamais seul », conformément à la volonté exprimée par saint Bruno il y a plus de neuf siècles ? Une centaine. Parmi eux, trente vivent à la Grande Chartreuse, immense monastère de 5 hectares de bâtiments, installé à la lisière d'une forêt de pins noirs, au cœur d'un massif alpin calcaire entaillé de gorges froides et profondes : le massif de la Grande-Chartreuse. La route qui relie le monastère à Saint-Laurent-du-Pont n'a été ouverte qu'au siècle dernier.

Le deuil des hommes qu'ils ont été

Ces hommes ont tout quitté. Le temps du noviciat, ils portent une chape noire sur leur longue robe en laine blanche pour symboliser le deuil des hommes qu'ils ont été. Ensuite, ils vont la tête rasée, la robe ceinte d'une large ceinture – et cela après Vatican II. « Le grand secret pour bien contempler, c'est de brûler d'un grand amour », a résumé l'un d'entre eux, Denys le Chartreux (1402-1471). Pour cela, ils vont jusqu'à accepter de perdre leur identité dans la mort : ils finiront dans l'alignement des croix anonymes du cimetière chartreux, balayé par le vent des montagnes.

La solitude en communauté

C'est en 1084 que Bruno, fils d'une famille de petite noblesse de Cologne, parti avec six compagnons, décide de s'arrêter au pied du Grand Som. Sans doute n'y a-t-il là, à cette époque, que quelques refuges de bergers pour les abriter. Mais c'est pourtant là que vont être posées les bases d'un ordre religieux de solitaires vivant en communauté : l'ordre cartusien, qui verra officiellement le jour en 1140.

Bruno, le père fondateur, a été élevé à la collégiale de Cologne, la Rome allemande. Devenu chanoine, il est parti étudier à Reims, où il a été nommé écolâtre. Mais un grave différend l'a opposé à l'évêque, qui l'a destitué de sa charge. Après des expériences érémitiques faites l'une près de l'abbaye de Molesme, où vit Robert, le futur fondateur de Cîteaux, l'autre à La Chaise-

Dieu, il décide de rejoindre Grenoble, attiré par la réputation de sainteté du jeune évêque Hugues. Ainsi découvre-t-il, dans le désert des Alpes, la solitude totale. Six ans plus tard, il doit pourtant abandonner ses montagnes pour partir à Rome où l'appelle un de ses anciens étudiants rémois, le pape Urbain II. Il y devient conseiller apostolique. Mais cette vie ne lui convient pas. Après avoir refusé l'archevêché de Reggio, il se retire à La Torre, dans un autre désert, celui de Calabre. C'est là qu'il s'éteint le 6 octobre 1101. Il sera canonisé en 1514. À son départ de la Grande Chartreuse, ses compagnons se sont dispersés. Pourtant, le prieur Lauduin, resté en contact épistolaire avec Bruno, réussit à les réunir sous sa direction. L'ordre chartreux ne connaîtra pas un développement aussi specta-

Dans les cellules, pas d'eau courante, un chauffage au bois qu'on débite soi-même, un matelas rudimentaire, une gamelle en aluminium et des couverts en bois. Voilà pour le confort. Chacun dispose en outre de cinq petites pièces, espace minimal pour vivre seul une vie entière : l'« ave maria », où le chartreux récite la salutation à Marie ; le « cubiculum » qui lui sert de chambre, de cabinet de travail et de réfectoire ; l'atelier, où il travaille le bois ; le bûcher et le promenoir.

Page précédente, vue de l'abbaye dans le cadre grandiose du massif de la Chartreuse.

culaire que celui des Cisterciens : à la fin du XIIe siècle, il ne compte que trente-neuf établissements. Il faudra d'ailleurs attendre le cinquième prieur, Guigues (1083-1136), pour que soient fixées par écrit les *consuetudines*, sorte de code des usages que nul auparavant n'avait jugé utile de fixer sur papier.

Avalanches, incendies et pillages

Le samedi 30 janvier 1132, une violente avalanche emporte le petit ermitage. Sept religieux sont écrasés ou ensevelis, et les secours mettent douze jours à arriver. Ce désastre oblige Guigues à choisir un site plus sûr, celui encore occupé aujourd'hui. Mais la Grande Chartreuse connaîtra bien d'autres catastrophes : elle sera huit fois ravagée par le feu, et à plusieurs reprises pillée.

Extrême pauvreté ne signifie pas dénuement : cinquante ans après la mort de Bruno, le monastère possède un domaine de 4 000 hectares, essentiellement consacrés à l'élevage. Mais pendant toute la durée du Moyen Âge, les revenus des Chartreux proviennent de deux activités : le travail des manuscrits et l'exploitation des mines, domaine dans lequel les Chartreux sont devenus experts – tout chevalier désireux de s'équiper d'armes et d'épée considère le fameux « fer des Chartreux » sorti de leurs forges comme un label de qualité.En 1473, malgré une reconstruction en voûtes de pierre et le remplacement des bardeaux par des tuiles, un nouvel incendie laisse le monastère en cendres. De Louis XI à Marguerite d'York, toute l'Europe envoie alors des dons.

Mais en 1676 c'est le prieur lui-même, dom Innocent Le Masson, qui provoque le huitième incendie en brûlant des papiers dans sa cheminée. Belle occasion de persiflage pour les jansénistes : « Vengeance divine ! N'était-il pas en train de jeter nos livres au feu ? » Dom Le Masson, qui restera prieur pendant vingt-huit ans, fait alors entièrement reconstruire l'abbaye. C'est donc à lui que la Grande Chartreuse doit son architecture actuelle.

Chassés par la Révolution, les moines reviennent sous la Restauration, en 1816. Contraints ensuite à l'exil en 1903 par les lois sur la séparation de l'Église et de l'État, ils reprennent possession de la Grande Chartreuse en 1940 après une retentissante campagne d'opinion. La Grande Chartreuse ne se visite pas. Mais à 1 500 mètres du monastère, « la Correrie » accueille les visiteurs de Pâques à la Toussaint.

Au XVIIe s., le maréchal d'Estrée, connu pour avoir repris Cayenne aux Anglais, remet aux Chartreux un manuscrit mystérieux contenant la recette d'un élixir, faite d'une longue liste de plantes. Ils mettent dix ans à le décrypter.
Enfin, en 1767, frère Antoine met au point la fameuse et très secrète formule permettant la fabrication d'une part d'un « élixir de santé », d'autre part d'un « élixir de table », la fameuse Chartreuse verte.
La recette, conservée sur un parchemin, est cachée par un père au moment de la Révolution. Arrêté puis expulsé à Bordeaux, celui-ci meurt sans en trahir le secret. Le parchemin est alors confié à un pharmacien lyonnais et, malgré les ordres précis de Napoléon exigeant que tous les « remèdes secrets » soient remis à l'Administration, le grimoire se retrouve entre les mains des Chartreux à leur retour en 1816.
Aujourd'hui, la célèbre Chartreuse est fabriquée, et peut être achetée, à la distillerie de Voiron.

Ci-contre, la salle du Chapitre général, où se réunissent tous les deux ans les prieurs de l'ordre.
Elle est ornée des portraits des cinquante premiers prieurs généraux.

Vingt-quatre heures de la vie d'un Chartreux

6h30 : office de prime en cellule.
8h : messe conventuelle
10h : heure de tierce puis temps d'étude et de travail.
Midi : sexte, repas et détente.
14h : none, étude et travail.
17h : vêpres, collation en cellule, oraisons et complies.
19h30 : coucher.
23h30 : matines de l'office de la Sainte Vierge et temps d'oraison.
0h15 : matines et laudes à l'église, pendant deux heures trente, entièrement chantées.
3h : retour en cellule, laudes de la Vierge et repos.

Accès

À 30 km au nord de Grenoble.

Visites

Fermé au public.

Musée cartusien de la Correrie

du 01/04 au 31/10 : 10h à 12h et 14h à 18h
du 01/06 au 30/09 : 9h30 à 12h et 14h à 18h30.

La forêt du massif de la Grande Chartreuse est propice à la méditation des moines.

Hautecombe

« Ô temps ! suspends ton vol... »

... et vous, heures propices ! suspendez votre cours. » C'est dans les eaux noires du lac qui fut témoin de la passion de Lamartine pour Elvire que, du haut de son promontoire rocheux engoncé dans la montagne de la Charvaz, la plus romantique des abbayes projette son image séculaire.

De la combe au promontoire

La petite communauté de moines venus d'Aulp en Chablais qui, en 1101, fonde l'abbaye s'établit d'abord dans une combe de la montagne de Cessens, au nord-est du lac du Bourget. Un de ses tout premiers abbés, Vivien, y reçoit la visite de saint Bernard de retour d'Italie et décide alors d'affilier Hautecombe à Cîteaux. Mais la route de Rumilly, toute proche, amène trop de passage aux yeux de ces religieux à vocation contemplative. C'est pourquoi son successeur, Amédée de Clermont, dit de Hauterive, élu en 1139, fait déménager la communauté sur la rive occidentale du Bourget, sur des terres appartenant à sa famille. Les débuts sont difficiles, car les voisins, hostiles à cette implantation monastique, pillent régulièrement l'abbaye. Pourtant, une première église est construite, ainsi que les premiers bâtiments claustraux. Mais bientôt Amédée part occuper l'évêché de Lausanne. Et son successeur, Henri de Massy, ne reste pas non plus longtemps : il est nommé légat du pape à Paris, puis devient abbé de Claivaux, avant de participer en tant que cardinal au concile de Latran de 1179. L'abbaye élit alors Geoffroy d'Auxerre, le célèbre auteur des biographies de saint Benoît et de Pierre de Tarentaise, et le fondateur de Tamié. C'est à lui qu'on doit la « voûte » de la grange batelière. Celle-ci est aujourd'hui à sec et transformée en musée ; mais au XIIIe siècle, elle était baignée par l'eau du lac, et permettait aux barques de décharger passagers et marchandises à l'abri.

L'appel du grand large

Hautecombe est alors à l'apogée de son rayonnement spirituel et a accumulé un nombre considérable de possessions : fermes et terres dans les Bauges, en Bugey, en Savoie, en Dauphiné, dans le Lyonnais et jusqu'en Tricastin.

Cernée d'une part par les eaux profondes et glacées du lac du Bourget et par la verdure des rives d'autre part, l'abbaye n'aurait pu trouver cadre plus protégé.

Dans le chœur de l'église, à droite, le tombeau de Louis de Savoie et de Jeanne de Montfort, deux des nombreux souverains ensevelis à Hautecombe.

Au début du XIIIe siècle, ces moines savoyards si accrochés à leur montagne répondent pourtant à l'appel du grand large : en 1211, à la demande de Geoffroy de Villehardoin, prince de Morée, croisé fougueux et batailleur, une communauté de cisterciens partie de Hautecombe fonde un monastère à Saraka, diocèse de Corinthe, non loin du lac Stymphale. Cette aventure en terres lointaines se conclura par un retour peu glorieux sur les rives plus rassurantes du Bourget.

Dans la longue histoire de Hautecombe, deux hommes se sont distingués. Le premier, le moine Goffredo Castiglione, a réussi l'exploit d'être pape durant trois semaines : de lui on a retenu un nom, Célestin IV, et les dates du 21 octobre et du 10 novembre de la même année 1241. Le second, c'est Jean Gaëtan des Ursins, devenu Nicolas III (1277-1280). De lui, l'Église a conservé le souvenir d'un pape d'une prudence et d'une diplomatie à toute épreuve. À l'époque où il n'était que cardinal, ne le surnommait-on pas déjà « Cardinalis compositus » ?

La pietà de Benoît Cacciatori semble vouloir prendre vie tant les chairs et les étoffes sont admirablement travaillées.

Une quarantaine de gisants

On peut dire de l'abbaye de Hautecombe qu'elle est le « Saint-Denis savoyard » : elle a en effet servi de nécropole à la maison de Savoie, à qui d'ailleurs elle doit énormément. Entre Humbert III, mort en 1189, et le dernier roi d'Italie, mort en 1983, elle devrait ainsi compter une quarantaine de gisants et de gisantes reposant au sein de l'abbatiale. La plupart y ont été déposés après des funérailles grandioses. À titre d'exemple, évoquons les obsèques d'Aymon le Pacifique, mort du chagrin d'avoir perdu sa jeune femme et le bébé qu'elle mettait au monde : dans la seule journée du 26 juin 1343, on consomma rien de moins que cinq cents moutons, trente-neuf vaches et quelque mille six cents gros pains. Ou bien encore celles d'Amédée VII, le comte rouge : mille cinq cents cierges brûlèrent à Hautecombe le 2 novembre 1391 ; et sa veuve créa une rente pour faire dire des messes, que les rois de France verseront à l'abbaye jusqu'à la Révolution.

Le palais abbatial s'effondre

Pourtant, Hautecombe n'a pas échappé au destin des autres abbayes. Dès 1440, elle est mise en commende par le duc Amédée VIII, l'antipape élu en 1437 par les schismatiques de Bâle sous le nom de Félix V. Malmenée par ses abbés commendataires qui ne voient en elle qu'une source supplémentaire de revenus, elle périclite : les bâtiments ne sont plus entretenus, le palais abbatial devient inhabitable, les vitraux ont éclaté. La situation est à ce point catastrophique qu'en 1717 l'abbaye est confiée à la Chambre des comptes du duché. En 1718, le palais abbatial s'effondre, ce qui va alors pousser les autorités à entreprendre la restauration des bâtiments conventuels. Mais le 24 septembre 1792, alors que celle-ci est à peine achevée, des bandes révolutionnaires prennent possession des lieux et se livrent au saccage et à la violation des sépultures princières.

La restauration de Hautecombe sera décidée par le roi de Sardaigne Charles Félix – placé sur le trône de Savoie par le Congrès de Vienne – et entreprise entre 1824 et 1843. En 1864 les cisterciens de la Consolata de Turin se réinstallent sur les bords du lac, et en 1864 ceux de Sénanque leur succèdent. Puis, en 1922, c'est au tour des moines bénédictins de la congrégation de Solesmes de venir habiter les lieux, qu'ils abandonneront en 1992 pour redonner vie au prieuré de Ganagobie, situé en Haute Provence, au-dessus de la vallée de la Durance.

Patronne des lieux, la Vierge à l'Enfant sculptée dans une seule pièce de chêne par Delvaux (1954) veille sur le grand orgue.

Après une restauration hâtive achevée en 1826, l'église fut abondamment décorée peu après dans le style troubadour. Une exubérance de stucs, de festons, d'arabesques et de détails se fond en un ensemble qui reste malgré tout harmonieux.

Accès

À 35 km au nord de Chambéry.

Visites

Toute l'année :
10h à 11h30
et 14h à 17h.
Fermé le mardi.

Tél. 79 54 26 12

À ne pas manquer

- Le style gothique troubadour de l'église,
- les statues,
- les tombeaux,
- les tableaux,
- la grange batelière.

Abbaye de Fontenay, vierge sur un départ de moulure.

Le Mont-Sainte-Odile

Pont-à-Mousson

Fontenay

Cluny

Pontigny

Montbenoît

Saint-Philibert de Tournus

L'Est

« *En ce temps-là, des terres et des vignes, des prés et des fermes accrurent cette église sans que la ferveur diminuât. Aussi Dieu visita-t-il ce lieu* » (Petit Exorde de Cîteaux). *Ce lieu, c'est la Bourgogne, terre des moines, terre de fécondité et de paix. C'est là, à Cluny, dans la vallée de la Grosne, entre les collines du Mâconnais à l'est et celles du Charolais à l'ouest, que va éclore une extraordinaire civilisation monastique que d'aucuns appellent « empire clunisien ». Écoutons la longue liste de ses grands abbés, tout à la fois saints et princes, qui dirigèrent de 927 à 1109 la première abbaye d'Occident : Odon, Maïeul, Odilon, Hugues le Grand et tant d'autres encore, apportant prestige et richesse. Deux siècles après sa fondation, l'abbaye bourguignonne comptait près de mille deux cents monastères affiliés dans toute l'Europe. Elle diffusa ce que l'art roman avait de meilleur, avant que Cîteaux ne la supplante en choisissant le dépouillement. Cluny était devenue une bien trop puissante institution féodale. Elle allait se heurter à l'observance stricte et rigoureuse de la règle bénédictine.*

Tout commença en 1098 lorsqu'un petit groupe de moines se retira à Cîteaux. Que seraient devenus ces cisterciens sans l'arrivée d'un fils de la Bourgogne, saint Bernard, qui entre à Cîteaux en 1112 et qui, trois ans plus tard, fonde Clervaux ? Grand théologien, grand prédicateur, organisateur hors pair, doué d'une rare éloquence et brûlant d'une foi intense, oui, assurément, c'est le grand homme du XIIe siècle. À sa mort, en 1153, l'ordre cistercien compte trois cent cinquante abbayes filles et petites-filles de Cîteaux. Il laisse derrière lui un souffle architectural sans précédent : plan immuable fait de simplicité, d'austérité et de dépouillement – chevet plat, voûte en berceau, absence de décoration.

« Si, fuyant le monde pervers, tu viens nager dans cette maison, tu sauras son nom, Fontenay. » Neuf siècles d'histoire n'ont su altérer l'austère beauté de Fontenay. Alors plongeons-nous dans cette région couverte de tant d'abbayes pour y découvrir le reflet fidèle du tempérament ascétique de son fondateur, saint Bernard.

Coupole de mosaïque datant de 1935.

La forêt dense paraît protéger et vouloir assaillir l'abbaye qui surplombe la plaine d'Alsace à 764 m d'altitude.

Le mont-Sainte-Odile

La montagne sacrée

Depuis des millénaires, le mont Sainte-Odile est « la montagne sacrée des Alsaciens ». Du haut de son éperon rocheux, il domine, majestueux, toute la plaine d'Alsace.

Permanence du sacré : ce sommet boisé des Vosges appelé Altitona, « la haute montagne », est à l'origine un lieu de culte celte. Mais sa position stratégique pousse bientôt les Romains et les Alamans à y construire des forteresses. Sous les Burgondes, au VIIe siècle, devenu propriété du duc d'Alsace Adalric, il change de nom et devient Hohenburg. Au VIIIe siècle, le duc y bâtit un monastère de femmes. Entre alors en scène le personnage de sainte Odile, dont la vie très édifiante sera écrite près de deux siècles après sa mort, sous une forme qui tient tout à la fois de la légende et du roman.

Elle voit son père sortir de l'enfer

Odile, fille du duc Adalric, est née aveugle. Dès son plus jeune âge, elle manifeste la volonté de consacrer sa vie à Dieu. Et cela malgré le refus de son père, qu'elle finit par quitter pour se réfugier au monastère de Baume-les-Dames, en Franche-Comté. Là, premier miracle : elle recouvre la vue en recevant le baptême. De retour

à Hohenburg, elle assiste à l'assassinat de son oncle par son père. Elle prie alors si intensément qu'en songe elle voit celui-ci sortir de l'enfer. Repentant, le duc lui offre alors le monastère, dont elle sera la première abbesse. Celle qu'on baptise « la sainte de lumière » y établit un lieu de louanges perpétuelles, où elle reçoit des femmes de tous horizons. Et par une nuit d'hiver de l'an 720, entourée de cent trente moniales, elle s'éteint. Depuis a jailli près de son tombeau une source miraculeuse qui jamais ne tarit ni ne gèle, et dont les eaux auraient le pouvoir de guérir les maladies des yeux. Au IXe siècle, le mont Sainte-Odile devient abbaye royale et accueille des abbesses de la maison impériale des Hohenstaufen. Au XIIe siècle, l'abbesse Herrade de Landsberg rédige l'*Hortus deliciarum*, poignant témoignage de la vie culturelle et spirituelle du monastère. Le manuscrit original, admirablement illustré, disparaîtra malheureusement en 1870 lors des bombardements de la bibliothèque de Strasbourg. Il nous en reste toutefois des copies. Maintes fois incendié, pillé et dévasté, le Mont Sainte-Odile voit peu à peu ses religieuses l'abandonner. En 1546, elles sont remplacées par des prémontrés. Pourtant, depuis le XIXe siècle, l'abbaye est de nouveau occupée par des sœurs. Aujourd'hui, nombreux sont encore les pèlerins qui gravissent la montagne sacrée pour se recueillir.

Dans la chapelle des Anges, une admirable mosaïque de 1947.

La statue de sainte Odile veille dans la cour du couvent.

Accès

À 15 km à l'est d'Obernai.

Visites

Tous les jours de 8h à 22h.

Tél. 88 95 80 53

À ne pas manquer

- L'église conventuelle,
- les chapelles de la Croix et de Saint-Jean-Baptiste,
- la grande terrasse et ses deux chapelles,
- la fontaine Sainte-Odile.

Pont-à-Mousson

Contre la Réforme

Bénitier à trois angelots de style baroque.

Dans l'histoire religieuse de la ville de Pont-à-Mousson – laquelle doit son nom au pont qui, au IXe siècle, y franchissait la Moselle – s'inscrivent, au XIIe siècle, l'installation d'une commanderie d'antonites et, au XVe, la fondation d'un couvent de clarisses. Mais c'est au XVIe siècle que débute le véritable essor monastique de la ville. À cette époque en effet, l'Empire germanique connaît de graves difficultés, qui vont permettre à la Lorraine de faire reconnaître son indépendance, tout en jouant un rôle essentiel dans la politique française. Alors qu'à leur frontière déferle la Réforme, renforcée par la signature de la paix d'Augsbourg par Charles Quint en 1555, les Guises, branche cadette de la maison de Lorraine, se font les champions du catholicisme. La situation est donc propice aux rapprochements : Charles III, duc de Lorraine, se réconcilie avec Henri IV en 1595, puis, soutenu par son cousin le cardinal Charles de Lorraine, obtient du pape qu'il choisisse Pont-à-Mousson comme siège d'une université que tiendront les Jésuites, afin de lutter contre l'influence de la propagande protestante.

La naissance de cette nouvelle université s'accompagne d'un formidable épanouissement culturel et artistique, qui entraînera lui-même l'ouverture dans la ville de plusieurs couvents de minimes, de carmes et de carmélites, de lazaristes et, en 1607, la fondation de la fameuse abbaye de prémontrés. Cet ordre de chanoines réguliers créé par saint Norbert au XIIe siècle est pourtant sur le déclin en ce début de XVIIe siècle, conséquence de l'ébranlement provoqué par les hérésies d'Europe centrale et par la Réforme protestante. Des six cent cinquante abbayes qu'il contrôlait au Moyen Âge, il ne lui reste plus en effet que cent quatre-vingt-dix-sept établissements, dont quatre-vingt-dix-sept en France.

Accès
à Pont-à-Mousson.

Visites
Toute l'année :
de 9h à 19h
Dimanches et jours fériés : 14h à 19h

Tél. 83 81 10 32

À ne pas manquer
– Les bâtiments conventuels et leurs trois escaliers,
– l'ancienne abbatiale.

Centre culturel de rencontre

La grande simplicité architecturale de cette abbaye est l'aboutissement d'un parti pris de sobriété. Il recèle néanmoins des trésors, tel ce petit escalier rond, au coin du cloître, qui émerveilleront le visiteur. On remarquera, à droite, le seul clocher ayant résisté aux raids aériens de 1944.

Fontenay

L'esprit de Dieu plane ici sur les eaux

« Fontenay est une merveille du monde », avait déclaré le pape Innocent III. Et en 1950, Georges Duhamel renchérissait : « Il n'y a rien de plus beau au monde que votre abbaye de Fontenay. » On ne saurait donc s'étonner de ce que, le 22 octobre 1981, le congrès de Sydney ait inscrit Fontenay sur la liste du patrimoine mondial (UNESCO) ou encore de ce que Jean-Paul Rappeneau en ait fait le cadre de son film *Cyrano de Bergerac* (1989).

La deuxième fille de Clairvaux

Fontenay est, après Trois-Fontaines près de Saint-Dizier, la deuxième fille de Clairvaux. C'est en effet saint Bernard qui l'a fondée. Bernard de Clairvaux a profondément marqué le XIIe siècle en renouvelant l'ordre bénédictin, pour lequel il préconisait une vie monastique faite de pureté et d'exigence. Il créa ou affilia à l'ordre soixante-huit monastères. À son apogée en 1675, l'ordre en comptera sept cent quarante-deux dispersés à travers le monde.

Ses neuf siècles d'histoire n'ont pas réussi à altérer l'austère beauté de Fontenay, parvenue jusqu'à nous comme un fidèle reflet de l'ascétisme de son fondateur. Fontenay est la pure parmi les pures, et la mieux conservée des abbayes cisterciennes. Elle constitue le modèle par excellence du monastère cistercien, que l'on verra se reproduire à l'identique à Noirlac dans le Cher, à Fossanova en Italie et dans bien d'autres établissements aujourd'hui disparus ou partiellement ruinés.

Fontenay nage sur les sources

Imaginons Bernard, parti de Clairvaux avec treize de ses moines, s'enfonçant, pendant cet automne 1118, dans l'épaisse forêt flamboyante qui encercle Montbard. Ils s'arrêtent dans un lieu appelé Chastelum, où vivent deux ermites à l'extrémité d'un grand étang. Une source y coule, qui a le pouvoir de guérir la teigne – la « rache », disait-on à l'époque. Le petit groupe y restera douze ans. Mais bientôt la jeune communauté décide d'émigrer dans un autre site particulièrement isolé, dans le vallon des Égrevies, sur un terrain que lui ont donné l'évêque d'Autun et Raymond de Montbard, l'oncle de Bernard.

Nichée dans son vallon solitaire, au cœur de la forêt bourguignonne, l'abbaye est encore intacte comme aux premiers jours.

Visage sur un départ de moulure du XIIe s.

Là les sources sont si nombreuses qu'il faut les canaliser, et surtout assainir le sol. D'où le nom de Fontenay, un nom qui coule comme une source. *Spiritus Dei ferebatur super aquas*, est-il d'ailleurs inscrit sur la porte de l'abbaye : « Ici, l'esprit de Dieu plane sur les eaux. »

Le pape consacre l'église

Bernard place à la tête du nouveau monastère un autre de ses oncles, Godefroy de La Roche, abandonnant à la méditation des moines son nouveau traité, *De gradibus humilitatis et superbiae*. Si la première petite église dédiée à saint Paul a disparu au XVIe siècle, l'église qui subsiste aujourd'hui, commencée en 1139, est, moins d'une dizaine d'années plus tard, en grande partie achevée, de même que le cloître, la salle capitulaire et le dortoir, ce qui donne à l'ensemble une exceptionnelle homogénéité. L'église est consacrée en 1147 par le pape Eugène III, ancien moine de Clairvaux, en présence de Bernard, de nombreux abbés et moines cisterciens, de dix cardinaux et de huit évêques. Les cérémonies sont grandioses ; des milliers de fidèles assistent à l'événement.

Cette abbatiale est à la fois l'une des plus anciennes et la plus authentiquement cistercienne de celles de l'ordre. Sa nef immense, longue de 66 mètres, est rythmée de huit travées voûtées en berceau brisé – la croisée d'ogives n'apparaîtra en effet que plus tard, à Pontigny notamment.

Perfection esthétique

En pénétrant dans l'église, qui n'est frappé par ces jeux de volumes admirablement disposés, cette pureté des lignes, ce dépouillement total, cette perfection esthétique ? Le chapitre de l'ordre avait en effet, en 1150, interdit toute sculpture ou peinture, considérant que, « lorsqu'on les regarde, on néglige souvent l'utilisation d'une bonne méditation et la discipline de la gravité religieuse ».

De l'extérieur, l'église, recouverte de tuiles rouges et à peine plus haute que les autres bâtiments, ne s'en distingue en rien. Pas de clocher : la règle l'interdit ; pas de porche : il n'a pas été reconstruit. On entre donc directement dans la nef. Le chœur, exigu, est surélevé de deux marches et fermé par un chevet plat.

À la fin du XIIe siècle, tous les bâtiments conventuels sont achevés, dans la configuration qu'ils ont encore aujourd'hui. Le cloître autour duquel ils se regroupent, d'une splendide simplicité, est l'un des plus harmonieux que nous ait légués l'art roman. Faut-il préciser que les travaux furent financés par un ancien évêque de Norwich, Ébrard, qui se retira à Fontenay en 1139 ? Et que c'est grâce aux quarante mille « moutons d'or » offerts par le roi Édouard III d'Angleterre, quelques mois après la signature de la paix de Brétigny qui lui cédait un quart de la France, que l'abbaye sera restaurée, deux siècles plus tard, en 1361 ?

Le ciel et les bois pour première enceinte

L'enceinte ne fut édifiée qu'au XIVe siècle, sur autorisation de Philippe le Hardi, pour protéger des exactions des Grandes Compagnies l'abbaye qui, à l'origine, n'avait pour muraille que le ciel et les bois. Une fois franchie l'enceinte, on tombe sur les constructions annexes : la porterie, où vivait le frère portier secondé de son chien dont la niche est encore visible ; l'hôtellerie, où pouvaient se reposer pèlerins et voyageurs ; la chapelle des étrangers, à gauche, qui sert aujourd'hui de salle d'accueil, avec, d'un côté, la boulangerie dont on peut apercevoir le four et les cheminées, de l'autre, un grand bâtiment qui abritait la forge, le moulin et les greniers.

Dans l'agencement des lieux, tout est conçu pour ne pas troubler la paix des moines. Les frères convers vivaient en effet totalement à l'écart : ils occupaient un long bâtiment avec dortoir et réfectoire, lequel est doté d'une galerie ouvrant sur le bas de l'église, d'où il était possible d'assister aux offices.

Si le cloître doit être « l'habitation des moines », la salle capitulaire est, dans leur vie quotidienne, un passage obligé. On s'y réunit après la messe matinale. Pour s'y rendre, il faut, depuis l'église, traverser la sacristie et la bibliothèque ou « armarium » – armoire aux livres. Jouxtant la salle

Un poisson qui paraît sortir joyeusement de l'eau est sculpté sur les bornes marquant les domaines de l'abbaye.

Ci-dessus, la salle des moines, leur grande salle de travail qui bénéficiait l'hiver de la proximité du chauffoir. C'est là qu'ils travaillaient à leurs manuscrits.

Ci-contre, face au jardin où étaient cultivées les plantes médicinales, le bâtiment des moines. Il comprend à droite la salle capitulaire, du XIIe s., accolée à l'église par la sacristie, et à gauche la salle des moines. Au-dessus, le dortoir, de 56 m.

capitulaire, voûtée sur croisée d'ogives (seconde moitié du XIIe siècle), le parloir et la grande salle de travail des moines ou « scriptorium », également voûté d'ogives, où les moines copiaient ou lisaient les manuscrits. À l'étage, le dortoir, long de 56 mètres, avec sa magnifique charpente de châtaignier. Le réfectoire, construit perpendiculairement au cloître, est en fait le seul édifice claustral aujourd'hui manquant, puisqu'il fut détruit en 1745. De chaque côté du scriptorium, la cuisine et le chauffoir ; seuls bâtiments à être chauffés, ils sont surmontés de deux belles cheminées couronnées de lanternons. Près du jardin où l'on cultivait les plantes médicinales, l'infirmerie, isolée par mesure d'hygiène. À l'écart également, un petit bâtiment du XVIe siècle, avec sa porte Renaissance : c'est « l'enfermerie », lieu où l'on enfermait les archives de l'abbaye .

Une abbaye exemptée de toute taxe

Les premières années de Fontenay sont celles des moines bâtisseurs, des moines défricheurs. Sans cesse, en effet, il faut étendre les terres cultivées pour nourrir une communauté où les novices affluent par centaines. Au XIIIe siècle, les propriétés dont l'abbaye tire ses revenus englobent plus de cent vingt villes et villages. Il faut faire tourner les moulins, les huileries, les foulons, et pour cela aménager le cours des rivières, creuser des étangs, tels ceux de Saint-Bernard, de la Châtenière ou de Choiseau. L'abbaye est célèbre pour ses truites et son pâté de truite, mais aussi pour ses activités industrielles : on y fait des tuiles et des bouteilles (en témoigne la forge longue de 53 mètres, un des rares édifices de cette nature qui subsistent en Europe). Sans compter qu'en 1259 l'abbaye se voit exempter par Saint Louis de toute taxe sur ses produits.

Peu de faits saillants dans l'histoire de Fontenay – faut-il signaler le mariage d'Anne de Bourgogne et du duc de Lancaster, célébré en 1423 à Montbard, par l'abbé Jean de Laignes ? Nul saint vraiment authentifié, nul véritable miracle, si ce n'est la mort du prieur Hugues en 1175, survenue, conformément à son vœu, le jour de la fête de saint Augustin, qu'il vénérait avec ferveur. L'abbaye, qui se targue d'être la deuxième fille de Clairvaux, eut à son tour quatre filles : Les Écharlis (diocèse de Sens) en 1131, Sept-Fons et

Dans le transept de l'église, sur la gauche, se trouve la statue de Notre-Dame de Fontenay, considérée comme une des plus majestueuses productions de la sculpture française. Datant du XIIIe s., elle rappelle la dévotion de saint Bernard pour la Vierge.

Chutes d'eau alimentant le système hydraulique de la forge.

Moncilly (diocèse d'Autun), en 1132 et 1460, Chézéry (Genève) en 1140, sans compter une multitude de petits Fontenay, sortes de dépendances directes de la maison mère.
Fontenay n'a pas non plus échappé aux soubresauts de l'histoire. En 1359, elle est occupée par les Anglais. Puis elle sera attaquée tour à tour par les brigands, par les Bourguignons, par les Armagnacs et en 1590 par les ligueurs, qui la pillent et la saccagent.

Les archives retrouvées chez un bouquiniste

L'abbaye, placée sous la protection du pape, était autorisée à élire ses abbés. Ainsi quarante abbés furent-ils élus par la communauté des moines avant de recevoir la bénédiction abbatiale de l'évêque diocésain. À partir de 1547 succèdent à cette longue lignée d'abbés réguliers, quatorze abbés commendataires, directement nommés par le roi, contrairement à la règle. La plupart semblent plus en quête de richesses matérielles que de véritable vie spirituelle. Ne soupçonne-t-on pas l'un d'eux d'avoir vendu une partie des archives de Fontenay, qui furent retrouvées, par chance, chez un bouquiniste parisien en 1864 ?
Le 29 octobre 1790, jour anniversaire de la fondation de Fontenay, la Révolution met fin à la vie religieuse de l'abbaye. Il ne reste alors que huit moines et trois domestiques. La bibliothèque, l'horloge, les cloches, les boiseries, les stalles, l'autel et l'argenterie sont vendus au plus offrant.

Transformée en papeterie

Le domaine est acquis par Claude Hugot, qui y crée une papeterie. Celle-ci est revendue à un Parisien, Éloi Guérin, qui la rétrocédera à Élie de Montgolfier, descendant des premiers aéronautes. Son gendre, Marc Séguin, remarquable ingénieur, en deviendra propriétaire et protégera Fontenay du saccage. Il y tentera ses premières expériences d'aviation. Mais c'est à Édouard Aynard (1837-1913), homme d'affaires et homme politique, grand amateur d'art, que Fontenay doit sa survie et sa restauration. Il y consacre sa fortune, fait démolir les trois usines à papier de la vallée et les deux grandes cheminées qui enlaidissent le site, déblaie et nettoie tout ce qui rappelle l'ancienne papeterie. Mort en pleine séance de la Chambre des Députés, il laisse à son fils René Aynard (1870-1943) le soin de poursuivre son œuvre. Ce qu'il fera dans le strict respect de la pureté cistercienne, allant jusqu'à faire descendre le toit de la forge au moyen de vérins, pour retrouver le niveau d'origine. À René succède Pierre Aynard (1900-1965), à qui l'on doit la restauration du dortoir des moines. Depuis, le relais a été pris par Hubert Aynard, qui se considère comme « le dépositaire respectueux et passager de Fontenay ».

Ancien dallage de la salle capitulaire visible dans le musée de l'abbaye.

Le cloître adossé au flanc sud de l'église, un presque quadrilatère de 36 m sur 38. Chaque galerie compte huit travées à voûtes d'arête.

Accès
À 8 km au nord-est de Montbard.

Visites
Tous les jours de 9h à 12h et 14h à 18h.

Tél. 80 92 15 00

À ne pas manquer
- L'église abbatiale,
- le réfectoire,
- le dortoir des moines,
- le cloître,
- la salle capitulaire,
- la forge.

Concerts

Cluny

L'empire dont le prince est un abbé

En cette fin de Xe siècle, c'est bien d'un empire dont dispose l'abbaye de Cluny, qu'Urbain II a baptisée « la lumière du monde » : plus d'un millier de monastères en Europe occidentale, où vivent dix mille moines bénédictins. Cluny préside en outre aux destinées du plus puissant des ordres. Hugues, son sixième abbé, s'attache alors à bâtir une abbatiale à la mesure de cet empire.

Depuis la porte des Jardins, la vue englobe les bâtiments abbatiaux (qui abritent l'école des Arts et Métiers) et le clocher de l'Eau-Bénite. Leur façade classique leur a valu le surnom de Petit Versailles.

L'image terrestre de la Jérusalem céleste

Peu à peu va donc s'élever la plus vaste et la plus somptueuse église de la chrétienté, capable d'accueillir trente mille fidèles : cinq nefs, deux transepts, cinq chapelles rayonnantes autour d'un déambulatoire, un narthex de cinq travées, sans compter douze mille chapiteaux sculptés et soixante-dix piliers. Et cela sur une longueur de 187 mètres, une largeur de 65 mètres et une hauteur de voûtes de 30 à 33 mètres ! Gigantisme qui n'empêche pas l'église d'être aussi un exemple de perfection technique et esthétique,

Enluminures du missel de 1523 conservé au musée Ochier.

Page suivante, antiphonaire de 1704 (recueil de chants liturgiques) visible également au musée Ochier.

In Solennit. SS. Petri & Pauli.
e- rat lucerna ardens & lu-
cens. e u o u a e. 6.

IN SOLENNITATE S.P.
BENEDICTI
Solennitas Major.
IN PRIMIS VESPER.
Antiphona.
E-ceſ- ſit in de-
ſertum lo-cum, ibi-
ue vitam age-bat, ne particeps

Buste d'apôtre.

produit d'un art roman déjà très proche du gothique, fait d'élégance, de souplesse et de grande expressivité.

Il aura fallu plus d'un siècle de travaux pour construire ce joyau : le chantier s'ouvre en 1088 ; en 1095 Urbain II consacre les autels majeur et matutinal et en 1120 le chœur est achevé. On décide alors d'agrandir le cloître, mais la gestion de Pons de Melgueil (1109-1121), successeur de saint Hugues, est telle qu'il doit être remplacé par Pierre le Vénérable, qui restaure les finances avant d'achever la nef. L'an 1125 voit une voûte s'effondrer et Pons échouer dans sa tentative de coup de force pour reprendre le contrôle de l'abbaye. Le 25 octobre 1130, le pape Innocent II peut enfin consacrer l'abbatiale à saint Pierre et saint Paul. Mais il faudra attendre le XIIIe siècle pour voir s'élever l'avant-nef et le portail entre les deux tours dites « Barabans ».

Sirène provenant de la frise du narthex conservée au musée Ochier.

Aujourd'hui, il ne nous reste que 5 % de ce qui fut le plus grand édifice du monde médiéval : le croisillon sud du transept et le clocher dit « de l'Eau-Bénite »... En 1798 en effet, le marchand mâconnais devenu propriétaire des lieux a fait abattre l'abbatiale à la mine... Deux étudiants des Arts et Métiers, aidés des cahiers de fouilles des années trente de l'archéologue américain K.J. Conant et... de leur écran d'ordinateur, vont faire resurgir l'abbatiale en trois dimensions. Travail de... bénédictins, que l'on peut aujourd'hui admirer au musée Ochier de Cluny.

Chapiteau roman à tête couronnée dont le visage semble exprimer encore l'angoisse des peurs du Moyen Âge.

Guillaume et Maïeul, les deux fondateurs

En 910, Guillaume le Pieux cède sa villa de Cluny, au cœur de la vallée Noire en Bourgogne, à Bernon, moine de Saint-Martin d'Autun, pour y fonder un monastère qu'il veut indépendant à la fois des autorités civiles et ecclésiastiques. Ce régime d'« exemption » ainsi que la protection pontificale sont à l'origine de l'immense prestige de Cluny. La première église, Cluny I, est consacrée en 967. Odon, deuxième abbé (927-942), réforme la règle bénédictine et obtient du pape que toutes les abbayes filles de Cluny soient placées sous son autorité : il devient ainsi l'abbé des abbés, serviteur direct du Saint-Siège, et fait entrer Cluny au cœur de la vie politique de l'Europe, manœuvrant habilement entre la maison royale de Bourgogne et l'empire germanique.

Aymard lui succède, puis Maïeul en 948. Considéré comme le second fondateur de Cluny, ce personnage dont la vie mouvementée se raconte comme une geste fait venir d'Italie Guillaume de Volpiano, réformateur des grandes abbayes normandes, et construire une nouvelle église, Cluny II, achevée en 982.

Odilon, cinquième abbé (994-1049), auteur de gestes étonnants – fonte du trésor de l'abbaye lors de la grande famine de 1006, instauration de la « trêve de Dieu » et de la fête des Morts –, fera ériger les différents bâtiments monastiques, transformant le cloître de bois en cloître de marbre, marbre sans doute prélevé sur les monuments antiques du sud de la France.

Plus puissant qu'un prince

Mais c'est avec Hugues, sixième abbé, que Cluny connaît son apogée. Pendant les soixante ans de son abbatiat (1049-1109), cet homme inflexible et austère marque toute l'Europe de sa primauté spirituelle et politique, faisant de Cluny la capitale d'un véritable empire monastique. Habile diplomate, il est l'ami des rois de France et d'Angleterre et conseiller de trois papes. Il étend l'influence de Cluny à l'Italie, l'Angleterre et l'Espagne, où il entreprend la reconquête religieuse du pays – c'est lui qui, avec Alphonse VI, roi d'Aragon, organise le pèlerinage de Saint-Jacques-de-Compostelle, dont les abbayes clunisiennes seront autant d'étapes.

La grande histoire de Cluny s'achève au XIIe siècle. Les clunisiens en robe noire vont céder la place aux cisterciens en robe blanche, et le luxe au dépouillement.

En 1258, Cluny renonce à l'exemption et remet son destin entre les mains du roi de France. Son dernier abbé, le cardinal de La Rochefoucauld, présidera l'Assemblée constituante dans la nuit du 4 août 1789...

Le croisillon droit du transept de l'abbatiale Saint-Pierre-et-Saint-Paul est surmonté d'une coupole octogonale, qui porte le clocher de l'Eau-Bénite.

Monumentale charpente en châtaignier du farinier datant du XIII*e* *s.*

Accès

À 25 km au sud de Mâcon.

Visites

Du 01/04 au 30/06 : 9h30 à 12h et 14h à 18h.
Du 01/07 au 30/09 : 9h à 19h.
Du 01/10 au 30/10 : 9h à 12h et 14h à 17h.
Du 01/11 au 31/03 : 10h30 à 11h30 et 14h à 16h.
Fermé les 01/01, 01/05, 01/11, 11/11, 25/12.

Tél. 85 59 12 79

À ne pas manquer

- Le narthex et les Barabans,
- le clocher de l'Eau-Bénite,
- les bâtiments abbatiaux.

Pontigny

Les exilés de Cantorbéry

Pontigny, la plus grande église cistercienne subsistant en France, est presque aussi vaste que Notre-Dame de Paris. Elle a su conserver son site champêtre, fidèle à la tradition de Cîteaux.

Un immense vaisseau de pierre échoué au milieu des champs ! Telle est l'abbatiale de Pontigny, arrimée à sa terre de Bourgogne et sortie miraculeusement intacte de huit siècles d'histoire. Ses 108 mètres de long en font la plus grande église cistercienne de France, et presque l'égale de Notre-Dame de Paris. Son style roman d'une sobriété confinant à l'austérité, son ample déambulatoire voûté d'ogives du XIIe siècle, lui confèrent une intense et majestueuse beauté.

Page ci-contre, une des sculptures du baldaquin surmontant la châsse contenant les reliques de saint Edme. XVIIIe s.

C'est en 1114 qu'Hugues de Mâcon, ami de saint Bernard, fonde l'abbaye de Pontigny, à la limite de la Bourgogne, de la Champagne et de l'Île-de-France. Seconde fille de Cîteaux, elle engendrera à son tour quarante-cinq filles, prieurés ou abbayes, dispersées dans toute la France.

L'émergence du gothique

Richement dotée par le comte de Champagne Thibault le Grand, Pontigny entreprend en 1140 d'élever son église abbatiale, ce qui sera fait en un seul jet et en un temps très bref, d'où une parfaite unité de style. Or, pour la première fois en Bourgogne, les cisterciens mettent en œuvre une technique révolutionnaire venue d'Île-de-France, et donc un style nouveau : le style ogival, autrement dit gothique. Vers 1175 en effet, quand il faut voûter le grand édifice, les exigences de solidité amènent les moines à adopter l'arc-boutant et, pour la grande nef, la croisée d'ogives. Rapidement, l'abbaye devient florissante. Pendant tout le Moyen Âge, elle exercera une influence considérable en tant que haut lieu spirituel de la Bourgogne. Dix de ses abbés deviendront évêques, archevêques ou même cardinaux.

Les archevêques de Cantorbéry

À la fin du XIIe siècle, Pontigny est amenée à recevoir trois hôtes illustres exilés de leur pays, et tous trois archevêques de Cantorbéry. Le premier, Thomas Beckett, s'est opposé à la décision d'Henri II de soumettre la justice ecclésiastique à la justice royale. Accueilli à Pontigny de 1164 à 1170, il sera assassiné à l'instigation du roi à son retour en Angleterre (cf. *Meurtre dans la cathédrale* de T. S. Eliot).
Le second, Étienne Langton, vit à Pontigny entre 1208 et 1215. Enfin, les années 1239-1240 voient séjourner Edmond Rich d'Abingdon, le futur saint Edme, qui s'est heurté à Henri III et à son clergé. Mort à Soisy, il verra son tombeau à Pontigny se transformer en lieu de pèlerinage, ce qui lui vaudra de servir de cible aux Huguenots lors des guerres de Religion, en 1567 et 1569. Mais les moines ayant jugé bon de transférer son corps en sécurité à Chablis, les protestants le chercheront en vain lors de la mise à sac de l'abbaye et, de dépit, s'en prendront à celui de la reine Adèle, mère de Philippe Auguste.

Le gotha littéraire de l'Europe

À la Révolution, les moines sont chassés et l'église est pillée. Les bâtiments conventuels seront ensuite détruits, à l'exception de l'aile des convers du XIIe siècle. Mais heureusement, l'ancienne abbatiale sera préservée, car transformée en église paroissiale. En 1843, six prêtres s'installent dans les ruines de l'abbaye et y fondent la société des Pères de Saint-Edme. Ils en seront chassés en 1901, suite à l'adoption des lois sur les congrégations religieuses.
Quelques années plus tard, l'abbaye renaît : elle est rachetée par le philosophe Paul Desjardins, qui y organise les célèbres « Entretiens de Pontigny ». Tout le gotha littéraire de l'Europe d'avant-guerre s'y retrouve : François Mauriac, Thomas Mann, André Gide, Jean Schlumberger, T. S. Eliot, Paul Valéry...
De 1947 à 1954, Pontigny, restaurée, est reprise en main par les Pères de Saint-Edme, de retour d'exil. Ils y créent un collège. Puis, la Mission de France y installera un séminaire. Aujourd'hui, les bâtiments sont occupés par un centre de réinsertion professionnelle pour handicapés physiques.

Accès
À 18 km au Nord-Est d'Auxerre.

Visites
Église : toute l'année.

Tél. 86 47 54 99

À ne pas manquer
- L'église,
- les stalles,
- le chœur.

La tête qui émerge de ce bas-relief est celle d'un conseiller de Charles Quint, grand mécène, qui fit reconstruire le chœur de l'église en deux ans (1525-1527).

Montbenoît

Crêpage de chignon dans le chœur

C'est au début du XIIe siècle que près de Pontarlier, sur la rive gauche du Doubs, un certain sire de Joux fonde l'abbaye de Montbenoît, avec le soutien de l'évêque de Besançon.

À cette époque-là, la Franche-Comté occupe une position incertaine aux frontières de l'Empire. Après avoir été intégrée au royaume de Provence puis à celui de Bourgogne, elle est devenue le comté palatin et accueille à Dole la cour de Frédéric Barberousse (1122-1190). Or, à cette même époque, la puissance des moines est considérable. Et pourtant le temps de Luxeuil est passé : la grande abbaye carolingienne fondée à la fin du VIe siècle par saint Colomban, dans un castrum romain célèbre pour ses thermes d'eau chaude, a cédé la place aux monastères bénédictins Sainte-Bénique de Dijon et Saint-Maurice d'Agaume, dont l'influence s'est étendue sur la vieille province séquanaise. Puis l'ordre de Cluny s'est imposé, à partir de l'abbaye de Gigny. Mais au XIIe siècle, celui-ci est supplanté par les innombrables fondations comtoises des Cisterciens.

Montbenoît, elle, choisit l'ordre des Augustins. Cette congrégation de « chanoines noirs », créée à Paris en 1108 par Guillaume de Champeaux,

est soumise à la règle dite de saint Augustin et a pour mission essentielle d'évangéliser les populations montagnardes.

De l'abbaye de Montbenoît il ne reste aujourd'hui que le cloître gothique de 1425 et l'église, dont le chœur du XVIe siècle est célèbre pour ses stalles à la décoration impertinente, œuvre du Bisontin Jean Julyot. En fait, cet ensemble de sculptures gothiques représentant des personnages tourmentés avait un but précis : rappeler aux religieux les châtiments auxquels ils devaient s'attendre s'ils succombaient aux passions terrestres. Le mouvement, la verve, mais aussi parfois la naïveté qui s'en dégagent en font un chef-d'œuvre de réalisme.

Ci-dessus, la nef de l'église abbatiale dont le décor, voulu par l'abbé Ferry Carondelet, s'inspire de la Renaissance italienne.

À gauche, le « Crêpage de chignon » ou la « Vérité terrassant l'Erreur », l'une des magnifiques et curieuses stalles du chœur sculptées entre 1525 et 1527.

Page suivante, l'abbaye de Montbenoît, dans le val du Saugeais, du nom des paysans suisses, les saugets, qui aidèrent les moines à défricher les terres.

Accès

À 15 km au nord-est de Pontarlier.

Visites

Du 01/07 au 31/08 : 10h à 12h et 14h à 18h. Libres le reste de l'année.

Tél. 81 38 10 33

À ne pas manquer

- Les stalles de l'église abbatiale,
- le cloître,
- la cuisine.

Accès
À 30 km au Sud de Chalon-sur-Saône.

Visites
Toute l'année.

Tél. 85 51 13 10

À ne pas manquer
- L'église Saint-Philibert
- Le cloître et la crypte,
- la chapelle Saint-Michel.

Concerts

Ici, la travée gauche de l'antéglise avec sa voûte peinte en échiquier noir et blanc, blason d'une puissante famille mâconnaise.

Saint-Philibert de Tournus

« La grave et massive carrure »

Forteresse autant que monastère ! se dit-on en admirant cette façade percée de quelques rares meurtrières. En fait, il est difficile d'échapper à l'emprise de cette église, l'une des plus belles de l'art roman, faite de sobriété, de puissance et de majesté. L'ancienne abbatiale, haute silhouette de pierres roses et ocres, dépouillée jusqu'à la nudité, est un chef-d'œuvre qui date de la première époque romane. L'abbaye fut à l'époque si puissante qu'elle échappa à la mainmise clunisienne, fait d'autant plus exceptionnel qu'elle n'est située qu'à quinze kilomètres de Cluny.

De Jumièges à Tournus

Saint Philibert est le fils de l'évêque d'Aire-sur-l'Adour (Gers), grand seigneur terrien. Imprégné de récits de vie érémique et influencé par saint Benoît et saint Colomban, il réussit à se faire donner un domaine par l'évêque de Rouen pour y fonder le monastère de Jumièges. Avec ses moines, il gagne ensuite une île sauvage au large des côtes de Vendée : Noirmoutier. Il y meurt en 685.

Un siècle et demi plus tard, les moines de Noirmoutier sont obligés de fuir, chassés par les raids normands. Ils emportent avec eux les reliques du fondateur. Une longue errance les emmène par étapes à Saint-Philbert-de-Grand-Lieu, à Saint-Pourçain en Auvergne et enfin à Tournus en 875. Charles le Chauve, qui vient d'accéder à la dignité impériale, cède en effet à l'abbé Geilon et à sa communauté errante, l'ancien castrum romain et l'agglomération qui l'entoure ainsi que le monastère de Saint-Valérien, du nom d'un chrétien d'Asie mineure ayant subi le martyre au IIe siècle dans ces lieux, sur les bords de la Saône. Les reliques de saint Philibert font alors leur entrée dans l'abbaye, qui adoptent le nom de Saint-Philibert de Tournus.

On a tout essayé

En 937, les Hongrois pillent la ville et détruisent l'abbaye. De l'église primitive il ne reste donc aujourd'hui que la nef et une partie des murs extérieurs. À la fin du Xe siècle, l'abbé Bernier entreprend la reconstruction après l'incendie de 1006. Le chantier dure près de deux siècles. On note une première consécration en 1019, et une seconde en 1120.

L'église reflète ainsi l'évolution de l'architecture romane jusqu'au XIIe siècle. À Tournus, on a tout essayé – simultanément ou successivement, peu importe – tous les procédés de voûtement avant la croisée d'ogives : charpente, berceaux transversaux, berceaux longitudinaux, arêtes, quarts de cercle,.

L'antéglise à deux étages, chef-d'œuvre du premier art roman, fait penser par sa conception aux églises carolingiennes. C'est la partie qui résista le mieux au terrible incendie en 1006. Elle fut sécularisée en 1627 et le réfectoire, salle voûtée du XIIe siècle, servit de salle de jeu de paume après la Révolution. Saint-Philibert perdit son titre d'abbaye en 1785.

Façade de Saint-Philibert, faite de belles pierres taillées datant du XIe s. Son extrême sobriété n'est rompue que par des bandes lombardes.

Abbaye de Saint-Riquier, vitrail.

Saint-Riquier

Valloires

Ourscamp

Chaâlis

Longpont

Royaumont

Saint-Germain-des-Prés

Port-Royal-des-Champs

LE NORD

Pays de Dieu, domaine des rois. Faudrait-il croire Balzac qui, de l'Île-de-France, affirmait que de tous les lieux qu'il avait vus, c'était « le plus proche du paradis » ? Alors, serez-vous ce pèlerin d'un jour en route vers Chevreuse, vallée empreinte de la foi rigoureuse de Pascal, du génie de Racine, vers cette vallée des « solitaires de Port-Royal » imprégnée du jansénisme austère et élitaire. De cette abbaye détruite par Louis XIV en 1710 il ne reste que « désert » et souvenirs… Jean Racine avait quinze ans lorsqu'il arriva à Port-Royal. Les premiers vers qu'il écrivit furent pour s'essayer à chanter les beautés de Port-Royal et de ses champs :

« Je vis ce cloître vénérable
Ces beaux lieux de ciel bien-aimés… »

Ancienne abbaye cistercienne de femmes, Port-Royal vit son destin basculer lorsqu'un avocat au parlement de Paris y plaça sa fille agée de onze ans comme abbesse. Cette jeune fille deviendra une impitoyable réformatrice, connue sous le nom de mère Angélique.

Non loin de la dépendance parisienne de Port-Royal, qui connaît l'histoire de Saint-Germain-des-Prés, cette grande abbaye parisienne qui, avant d'être le cœur de la congrégation de saint Maur, réformateur de l'ordre bénédictin au XVII*e siècle, fut la nécropole des Mérovingiens. Mais passons notre chemin pour remonter plus au nord vers Royaumont, abbaye royale fondée en 1229 par Saint Louis et affiliée à l'ordre de Cîteaux. Elle n'abrite plus la vie religieuse, mais une prestigieuse fondation pour le progrès des sciences de l'homme : centre de la voix, centre littéraire, centre des arts plastiques, programmes ethnologiques… À vous de choisir !*

À Châalis, où Saint Louis aimait tant se retirer, se dressent encore les ruines mélancoliques chères à Nerval et si proches du tombeau de Jean-Jacques Rousseau, source peut-être de ses rêveries.

Continuons par Ourscamp et Longpont, établie sur le domaine royal, jusqu'à Valloires, qui fit entrer le style rococo dans le schéma cistercien. « Elle ferait les délices de Mme de Pompadour, mais saint Bernard n'y trouverait rien à redire », écrivait un visiteur anglais. Et pourquoi ne pas aller jusqu'à Saint-Riquier, l'une des grandes abbayes du haut Moyen Âge, aussi vaste que le sera plus tard l'abbaye de Cluny.

Gravure de 1612.
On remarquera les clochers typiques de l'architecture du nord de la France.

SAINT-RIQUIER

La grande abbaye carolingienne

Le chef-d'œuvre de gothique flamboyant qu'est l'abbatiale aux dimensions de cathédrale qui domine le petit bourg de Saint-Riquier est le produit d'une des plus puissantes abbayes bénédictines de l'époque carolingienne.
Celle qu'on appela longtemps « Centula » fut fondée au VIIe siècle par Ricensus, le futur saint Riquier. Converti au catholicisme par deux moines irlandais, Ricensus était le grand ami des oiseaux et consacrait son temps à racheter des captifs outre-Rhin grâce aux générosités de Dagobert. Sur la fin de sa vie, il décida de se faire ermite et de se retirer dans son pays, le Ponthieu, au cœur de la forêt de Crécy. Et c'est sur son tombeau, à Centule, au nord d'Abbeville, que s'élève le monastère bénédictin de Saint-Riquier.

L'Homère de l'académie palatine

La période de splendeur de l'abbaye se situe sous le règne de Charlemagne. C'est en effet à cette époque que s'édifie, sous la conduite d'Angilbert, à la fois duc de Ponthieu, dignitaire à la cour de l'empereur et abbé laïque de Saint-Riquier, l'une des plus riches et des plus belles basiliques carolingiennes. Cet homme à qui ses talents de poète valent le qualificatif d'« Homère de l'académie palatine » est aussi le père du fils de Bertha, la fille de Charlemagne. Ce qui lui vaut de se voir adresser par l'empereur les meilleurs artistes et lui permet même de faire venir des marbres d'Italie. L'abbaye est alors une véritable entité administrative de l'empire et exerce son autorité ecclésiastique sur une ville entière, riche à la fois d'une population civile et d'une garnison militaire regroupant plus de cent chevaliers. Nous pouvons aujourd'hui tenter de nous représenter ce que fut la grandeur de cet exceptionnel ensemble monastique grâce à quelques textes et à deux gravures du XVIIe siècle, reproductions d'une miniature malheureusement disparue de la chronique d'Hariulf, qui remonte à la fin du XIe siècle.

Ci-dessus, la vierge dans la douce lumière des cierges allumés à l'occasion de la fête des Rameaux.

Les bâtiments abbatiaux furent reconstruits au XVIIe s. Ils abritent aujourd'hui un musée départemental de la vie rurale et artisanale.

De style gothique flamboyant

En 881, les Normands dévastent Saint-Riquier. L'abbaye est alors restaurée. Mais vers l'an mille elle menace ruine et est alors entièrement reconstruite. Nous savons par une chronique de l'époque qu'en 1131 elle est incendiée par le comte de Saint-Pol.
Entre 1257 et 1292, d'importants travaux sont entrepris à l'initiative de l'abbé Gilles de Machemont, qui fait élever notamment les arcades du chœur et une partie du transept actuel.
Le XVe siècle est marqué par une dramatique série d'incendies et de pillages, œuvre des Armagnacs, des Bourguignons et, en 1475, sous Louis XI, des Français. Enfin, avec les abbés Eustache Le Quieux et Thibaut de Bayencourt, l'abbatiale trouve sa forme quasi définitive : son clocher-porche de façade, son décor sculpté et la vaste chapelle de la Vierge prolongeant le chevet.
Au XVIe siècle, le roi d'Espagne Philippe II, fils de Charles Quint, se charge à son tour de prendre et d'incendier l'abbaye lors de sa guerre contre la France, provoquant la dispersion des moines. Menacée de disparaître, l'abbaye aura beaucoup de mal à s'en remettre.
Au XVIIe siècle, un abbé commendataire, Charles d'Aligre (1645-1691), entreprend de la restaurer et de lui adjoindre de nouveaux bâtiments conventuels. C'est lui qui affilie Saint-Riquier à la congrégation de saint Maur.

Le décor et le mobilier du chœur : lustre, stalles, grilles de fer forgé, etc., sont du XVIIe s. C'est l'abbé Charles d'Alègre qui non seulement restaura l'église mais renouvela également son mobilier.

La façade de l'église, de style gothique flamboyant, est une imposante tour carré de 50 m de haut abondamment sculptée.

Accès

À 9 km au nord d'Abbeville.

Visites

Toute l'année : 9h à 12h et 15h à 18h.
Fermé le dimanche matin.

Tél. 22 28 20 20

À ne pas manquer

- La façade gothique de l'église abbatiale,
- le chœur et la nef,
- la trésorerie.

Festival de musique

Expositions

Musée de la Vie rurale

VALLOIRES

Quand l'art baroque sied aux Cisterciens

L'esprit de saint Bernard confronté au siècle des Lumières, quel étrange contraste ! La nudité et le dépouillement cisterciens revus et corrigés par Louis XV, quelle singularité ! C'est cela, Valloires : une abbaye typiquement cistercienne par son plan, mais aussi l'un des plus beaux exemples d'architecture du XVIIIe siècle.

À DEUX PAS DE CRÉCY

En 1137, Guy II, comte de Ponthieu, fait appel à quelques moines de Cîteaux pour fonder une abbaye à Valloires. Celle-ci naît en 1158 et

En 1922, la Croix-Rouge convertit l'ancien monastère en préventorium pour enfants.

Au sommet de la voûte du chœur, les deux anges blancs en papier mâché, œuvre du baron Pfaff de Pfaffenhoffen.

connaît d'abord une longue période de prospérité. L'abbatiale devient le lieu de sépulture des comtes de Ponthieu. Le 26 août 1346, le roi de France Philippe VI y fait transporter les corps de ses preux chevaliers tués lors de la bataille de Crécy, située non loin de là.

Jusqu'au XVIIe siècle, Valloires subit saccages, pillages et destructions. À peine les guerres de Religion prennent-elles fin qu'une nouvelle calamité s'abat sur l'abbaye : la guerre de Trente Ans. Entre 1636 et 1642, incendies et effondrements se succèdent. Le clocher s'écrase sur l'église. De l'abbatiale primitive il ne reste bientôt que ruines.

Aussi l'abbé commendataire, membre de la puissante famille de Broglie, entreprend-il en 1730 de reconstruire intégralement les bâtiments. Le prieur dom Antoine-Bernard Comeau charge alors l'architecte Raoul Coigniart d'établir les plans du nouveau monastère.

À l'extrémité du transept se dresse la statue de saint Bernard, qui rappelle l'origine cistercienne de l'abbaye. Pfaffenhofen lui a prêté les traits de dom Comeau, qui dirigea la construction de l'abbaye au XVIIIe s.

Au cœur de la vallée de l'Authie, dans la baie de Somme, l'abbaye de Valloires, fondée au XIIe s. et reconstruite au XVIIIe, est nichée dans un parc de 7 ha abritant plus de 4 000 variétés de plantes et d'arbustes.

Financée par une coupe de bois

La première pierre est posée en 1741 par Louis-François-Gabriel d'Orléans de La Motte, qui deviendra l'année suivante abbé de Valloires. En 1750, le gros œuvre, financé par une importante coupe de bois autorisée par le roi, est terminé. L'abbaye est riche. C'est peut-être ce qui explique la décision prise par le prieur de confier la décoration de l'église et du monastère à un Autrichien, Simon-Georges-Joseph Pfaff de Pfaffenhofen (1715-1784), exilé en France à la suite d'un mauvais duel.

L'art rococo

Valloires sera le chef-d'œuvre de cet artiste confirmé, contrevenant du même coup à l'esprit de Cîteaux. Saint Bernard ne parle-t-il pas, en évoquant les décors sculptés ou peints des abbatiales, de... « belles horreurs ou d'horribles beautés » ? Le style rocaille, ce style baroque dont la France fut si peu friande, entrait à Valloires : autel, buffet d'orgues, stalles de moines, bas-relief du transept, tout affiche un luxe décoratif et ornemental conçu dans cet art exubérant et délicat qu'on appelle également rococo.

L'abbatiale est consacrée le 5 septembre 1756. Et trente-cinq ans plus tard, la Révolution expulse les moines d'une abbaye à peine achevée. Sauvée par Amboise-Léopold Jourdain de l'Éloge, elle abritera successivement une communauté laïque, la société de Saint-Vincent-de-Paul et la Croix-Rouge.

Accès

À 30 km au nord d'Abbeville.

Visites

Tous les jours :
Du 01/04 au 11/11 :
10h à 12h et 14h à 18h.

Tél. 22 29 62 33

À ne pas manquer

- L'église,
- les orgues,
- les grilles,
- les jardins.

Ourscamp

La salle des morts

Page ci-contre, ruines de l'abbatiale, les vestiges du chœur gothique du XIIIe s. et de son déambulatoire desservant cinq chapelles rayonnantes.

Comment se fait-il que, de la grande abbaye cistercienne qui s'élevait encore au début du XIXe siècle à 5 kilomètres au sud de Noyon, il ne reste que ruines – les ruines, magnifiquement aériennes certes, du transept et du chœur ? Faut-il avouer qu'elles furent fabriquées à dessein en 1807 par l'acquéreur de l'abbaye ? Que celui-ci, désireux de disposer d'un cadre romantique et médiéval, n'a en effet pas hésité à faire abattre la nef pour mieux dégager le majestueux élan de ces arcs de pierre ?

La chapelle, superbe salle du XIIIe s., est en fait l'ancienne infirmerie de l'abbaye. Les stalles formant le chœur sont du XVIIe s.

Heureusement, nous est parvenue intacte, dans toute son étonnante beauté, celle qui fut appelée « la salle des morts » : l'infirmerie. Construite au XIIIe siècle, cette grande salle rectangulaire voûtée en ogives, faite de trois nefs et de neuf travées, respire l'élégance, la légèreté et l'audace. Quant à la lumière qui la baigne, elle semble distillée pour permettre la survie et la guérison des malades. À la tête de chacun des cent lits que comptait la salle, on remarquera une niche creusée dans le mur où l'on rangeait les affaires du malade.

L'abbaye d'Ourscamp fut fondée en 1129 par saint Bernard et fut dotée de terres par l'évêque de Noyon, Simon de Vermandois. L'abbatiale, elle, fut construite au XIIe siècle et agrandie au XIIIe, époque où Ourscamp comptait plus de cinq cents moines. Elle se vit adjoindre plusieurs bâtiments entre 1677 et 1745. Mais la Première Guerre mondiale ne l'épargna pas : son aile sud fut détruite par un incendie. Aujourd'hui, l'infirmerie, transformée en chapelle, est occupée par la congrégation des Serviteurs de Jésus et Marie.

Accès
À 6 km au nord de Noyon.

Visites
Du 01/11 au 30/03 : 9h30 à 12h et 14h à 17h.
Du 01/04 au 30/09 : 9h à 12h et 14h à 19h.

Tél. 44 75 72 00

À ne pas manquer
- Les ruines du chœur gothique,
- l'infirmerie.

Concerts récitals d'orgue

Chaâlis

Le monastère de Charles

Il est bien difficile de déceler l'ancien établissement cistercien dans le luxueux château aménagé en 1736 par Jean Aubert, au cœur de cette forêt d'Ermenonville hantée par le souvenir de Jean-Jacques Rousseau herborisant. Une abbaye fut fondée là, en 1136, par Louis le Gros, surnommé encore « le Grand », « le Chassieux » ou « l'Éveillé ». Rien n'en reste aujourd'hui, sinon quelques pans de murs propices à la rêverie romantique évoquée par Gérard de Nerval, qui, enfant, y venait admirer, en de longues promenades mélancoliques, les ruines de l'abbaye nichée dans la verdure au milieu des étangs.

Chaâlis contre Pontigny

L'histoire de Chaâlis commence par un échange. Au début du XIIe siècle en effet, Chaâlis n'est qu'une dépendance de l'abbaye bénédictine de Vézelay. Sans doute implantée trop loin, elle fait l'objet d'un échange avec l'abbaye de Pontigny. Le roi de France Louis VI désire consacrer Chaâlis à la mémoire de son cousin Charles le Bon, comte de Flandres, massacré par ses sujets rebelles en 1127. L'abbaye, placée sous la juridiction de Cîteaux, prend alors tout naturellement le nom de « Caroli Locus » (monastère de Charles), qui sera déformé en « Chaâlis ». D'innombrables dons royaux lui apportent la prospérité. On y construit une église cistercienne d'une envergure exceptionnelle : 82 mètres de longueur sur 27 de largeur, ainsi qu'un cloître, où seront inhumés treize évêques de Senlis – quatre de leurs crosses ont été retrouvées, dont celle de frère Guérin, très proche conseiller de Philippe Auguste, qui consacra l'abbatiale en 1217. Saint Louis, qui s'y rend volontiers, fait élever un second cloître, ainsi que la chapelle abbatiale dans le style de la Sainte-Chapelle.

Célèbre pour son importante bibliothèque, Chaâlis connaît son apogée au XIVe siècle, sous le règne de Charles V.

Le souffle de la Renaissance

Au XVIe siècle, l'abbaye est mise en commende. Son premier abbé, Hippolyte d'Este, cardinal de Ferrare, fils de Lucrèce Borgia et cousin du roi, fait entrer à Chaâlis le souffle de la Renaissance, bouleversant l'architecture des bâtiments médiévaux. Il fait décorer les voûtes de la chapelle de fresques de l'école de Fontainebleau, transforme le cimetière en jardin italien (la roseraie d'aujourd'hui) et aménage, à l'italienne toujours, un parc d'une trentaine d'hectares avec

Hippolyte d'Este, fils de Lucrèce Borgia, créateur des jardins de la villa d'Este à Tivoli et abbé de Chaâlis, fait décorer sa chapelle au XVIe s. de fresques commandées à Nicolo Dell' Abbate.

Au centre, la chapelle abbatiale, construite vers 1250-1260, rappelle la Sainte-Chapelle. Elle communiquait alors avec l'hôtel de l'abbé.

Accès

À 10 km au sud-est de Senlis.

Visites

Tous les jours de 9h à 18h (19h en été).

Tél. 44 54 04 02

À ne pas manquer

- Le parc et les ruines de l'abbaye,
- la roseraie,
- les fresques de la chapelle de l'abbé.

Ruines d'une des plus grandes abbatiales cisterciennes du XIIIe s. dédicacée par l'évêque de Senlis, très proche conseiller de Philippe Auguste. Elles évoquent Gérard de Nerval enfant rêvant aux alentours.

canal et pièces d'eau. En 1736, Louis de Clermont, le nouvel abbé commendataire, décide, plutôt que de restaurer les bâtiments conventuels et le cloître, de les démolir et d'en confier les plans et la reconstruction à Jean Aubert, célèbre architecte des Grandes Écuries de Chantilly et du Palais-Bourbon de Paris. L'ensemble du projet est grandiose. Mais seuls l'aile nord du nouveau cloître, aujourd'hui château-musée, et les pavillons qui flanquent l'entrée seront construits. Car les finances ne suivent plus. L'abbaye ruinée, la communauté doit se disperser. Après la Révolution, l'église est en partie détruite et, en 1859, l'ancien monastère cistercien est aménagé en luxueux château.

Le musée Jacquemart-André

Nellie Jacquemart-André, veuve du banquier Édouard André, l'achète en 1902 pour y rassembler les collections – statues religieuses, peintures, mobilier et objets d'art – rapportées de ses nombreux voyages, avant de les léguer en 1912 à l'Institut de France. Les bois, les étangs, la mer de Sable et le « désert » d'Ermenonville, avec la « cabane » de Jean-Jacques Rousseau, font tous partie de la donation, ainsi que la collection léguée en 1923 par les héritiers du marquis de Girardin, qui avait accueilli le philosophe à la fin de sa vie. Cette collection constitue actuellement le plus important fonds de documentation sur Jean-Jacques Rousseau.

Les gargouilles de la chapelle, restaurées par Viollet-le-Duc, représentent des animaux en mouvement.

Le bâtiment ouest, transformé au XVIIIe s. en une aile d'une élégance toute classique.

Chauffoir des moines du XIIIe s., exemple unique d'une cheminée centrale à hotte soutenue par quatre colonnes rondes.

Longpont

La rosace vide

De toutes les grandes abbayes cisterciennes établies sur le domaine royal, Longpont – du nom que portait la chaussée pavée traversant la zone de marais asséchée par les moines – est la seule à offrir encore des vestiges de son admirable abbatiale. Reconstruite au moment où l'abbaye était devenue trop petite pour les quelque trois cents moines qu'elle abritait, cette abbatiale fut consacrée le 24 octobre 1227, en présence de Louis IX, le futur Saint Louis – alors âgé de treize ans, il assistait aux cérémonies aux côtés de sa mère, Blanche de Castille. Dans sa sobriété toute cistercienne, cet édifice de 105 mètres de longueur sur 28 mètres de hauteur, tout imprégné de l'art gothique naissant, est une splendeur.

L'abbaye de Longpont a été fondée un peu moins d'un siècle plus tôt, en 1132, par saint Bernard, à la demande de Joscelin de Virizy, évêque de Soissons. Installée sur les terres de Gérard de Chérizy dans la vallée de la Savières, en lisière de la forêt de Villers-Cotterêts, l'abbaye connaît à ses débuts une insolente période de prospérité. Les dons affluent de toutes parts : des rois, des papes, des ducs de Vermandois... En quelques années, le domaine est défriché et drainé.

Le déclin s'annonce à la fin du XIVe siècle. Bien plus tard, après la Révolution, l'abbatiale est abandonnée aux démolisseurs. Mais ses ruines sont sauvées *in extremis*, en 1831, par la famille de Montesquiou. Malheureusement, l'abbaye ne sortira pas indemne des deux guerres mondiales.

Pourtant, les vestiges de l'abbatiale que l'on peut apercevoir au milieu de bâtiments conventuels classiques suffisent à donner une idée de ce que fut sa magnificence, symbolisée par une immense rosace vide de son remplage.

Du cloître accolé à l'église demeure la galerie sud restaurée au XVIIe siècle : elle donne accès au chauffoir des moines du XIIIe siècle remarquablement conservé avec son immense cheminée à hotte. Aujourd'hui, l'église paroissiale occupe modestement quatre travées dans une partie de l'ancien cellier.

Façade principale de l'abbatiale, épaulée par de puissants contreforts. Malheureusement, le remplage de la grande rose de 10 m a disparu.

Des murailles qui prolongeaient l'abbaye du XIVe s, seule subsiste la porte fortifiée, côté sud. Deux des quatre tourelles, démolies pendant la Grande Guerre, ont été reconstruites vers 1930. Un petit pavillon en bois et brique y fut accolé au XVIe s.

Accès

À 15 km au sud de Soissons.

Visites

Samedi, dimanche, fêtes : 10h à 12h et 14h30 à 19h

Tél. 23 96 01 53

À ne pas manquer

– Les ruines de l'abbatiale,
– le chauffoir des moines,
– les bâtiments conventuels.

Royaumont

Il servait à la table des moines

Louis IX a quinze ans lorsqu'il entreprend, en 1229, de faire construire ce qui sera « son » abbaye – le caractère royal de la fondation ne fait aucun doute puisque le site, qui s'appelait à l'origine Cuimont, se transforme en Royaumont. Très vite, l'abbaye deviendra l'une des plus riches et des plus belles. Elle est affiliée à l'ordre de Cîteaux. 1229, c'est aussi l'année où Blanche de Castille, mère de Louis IX, qui exerce la régence jusqu'à la majorité du roi, met fin à la croisade des albigeois par le traité de Paris. Or, n'oublions pas que l'hérésie cathare fut combattue par les armes, certes, mais aussi par la prédication plus que vive des moines cisterciens.

Frère Louis

Tout comme sa mère, Louis IX est profondément pieux. Au point de se faire construire à Paris une chapelle personnelle pour ses prières quotidiennes, la Sainte-Chapelle. Beau chevalier, grand, svelte, blond aux yeux bleus, selon Joinville, ce roi que certains seigneurs appellent ironiquement « frère Louis » s'attache à Royaumont. Il la comble de dons. Ne dit-on pas qu'elle a coûté cent mille livres parisis (monnaie frappée à Paris, à la différence du tournoi, de même valeur, frappé à Tours) au royaume ? Royaumont devient la nécropole de la famille royale : l'un de ses frères, trois de ses enfants et deux de ses petits-fils y seront inhumés, avant d'être transférés à Saint-Denis.
L'église, longue de 105 mètres, dont il reste aujourd'hui une ruine spectaculaire, est consacrée en 1235 en présence de Louis IX et de Blanche de Castille. Chaque fois qu'il le peut, le roi retourne à Royaumont partager le repas

L'abbaye est traversée sur toute sa longueur par un canal. Ci-contre, les ruines de l'abbatiale dont on aperçoit le mur sud de la nef, avec ses oculus, la maison des hôtes et le cloître.

Chef-d'œuvre de l'art gothique, le réfectoire à deux nefs, avec sa chaire de lecture et son passe-plat, pouvait accueillir soixante moines.

des moines dans le réfectoire de l'abbaye, l'un des plus beaux et des plus vastes du Moyen Âge. Joinville, qui l'accompagna dans la septième croisade (1240), rapporte à la fin de sa vie, dans le *Livre des saintes paroles et des bons faits de notre saint roi Louis* (1309), qu'il lui arrivait de faire la lecture ou de servir les moines à table (le guichet qui permettait au roi de prendre les plats venus de la cuisine est toujours là). On sait aussi qu'il lavait les pieds des pauvres le vendredi saint et qu'il soigna les lépreux en Terre sainte. Cet admirable réfectoire, divisé en deux nefs, sert aujourd'hui de salle de concert.

Quatre fois plus grande que Fontenay

Royaumont est bâtie sur le modèle de Clairvaux : même dépouillement, même austérité architecturale. Seules ses dimensions – quatre fois plus grande que celle de Fontenay, elle possède une église vaste comme une cathédrale et le plus grand cloître de l'ordre – rappellent qu'il s'agit d'une abbaye royale. Cette véritable ville monastique vit en totale autarcie. Les moines ont mis au point un ingénieux système hydraulique alimenté par la Thève et traversant l'ensemble du domaine : d'abord de grands étangs poissonneux servant de pêcherie, puis l'aménagement de trois canaux traversant les bâtiments (dont celui des

latrines) et autour desquels sont installés des ateliers (tannerie, forge ou poterie). Aux alentours de l'abbaye, les moines acquièrent des métairies, des moulins (Gonesse, Compiègne, Verberie, Gretz...) et même, à Pompoing, des vignes et un pressoir.

Les dimensions du dortoir suggèrent que l'abbaye accueillait environ cent quarante moines, qui consacraient leur temps à la prière et aux côtés desquels vivaient les frères convers, chargés essentiellement de l'entretien du domaine et des cuisines. Un étroit passage, appelé la ruelle des convers, leur permettait de gagner l'église sans avoir à traverser le cloître.

Mazarin, abbé de Royaumont

L'histoire de Royaumont épouse le rythme mouvementé de l'histoire de France. Au XIVe siècle, l'abbaye est rançonnée par Charles le Mauvais, roi de Navarre, qui soutient la révolte d'Étienne Marcel avant de s'allier à l'Angleterre en 1358 et d'être battu par Du Guesclin en 1364. Lors de la guerre de Cent Ans, l'abbaye est occupée par les Anglais. Le premier abbé commendataire est nommé par le roi en 1549, à la suite du concordat de 1516. Richelieu, en réunissant les principaux abbés de l'ordre en 1635 à Royaumont, cherche en vain à réformer l'ordre décadent des Cisterciens.

Royaumont compte quelques abbés célèbres : le cardinal de Mazarin, déjà titulaire d'une quinzaine d'abbayes, les princes de la Maison de Lorraine, qui la transforment en maison de plaisance, et Mgr Le Cornut de Ballivières, dernier abbé de Royaumont et aumônier de Louis XVI. En 1875, celui-ci fait construire un petit palais abbatial qu'il n'a pas le temps d'habiter : la Révolution, en chassant les quelques moines restants, bouleverse ses projets. En 1791, l'église est abattue sur ordre de son nouveau propriétaire, le tout récent marquis de Travannet, animé d'un zèle révolutionnaire plus que douteux.

De filature en centre culturel

Les bâtiments conventuels sont alors transformés en filature de coton. Bibliothèque, reliques et objets d'art sont dispersés et brûlés. En 1832, le palais abbatial et une petite partie du parc sont achetés par le marquis de Belissen. En 1864, Royaumont est réoccupée par des oblats, qui en 1870 rétrocèdent l'abbaye aux religieuses de la Sainte-Famille. Celles-ci entreprennent de vastes travaux et envisagent même la reconstruction de l'église. Mais les lois de 1905 sur les congrégations religieuses les chassent de Royaumont. Elles cèdent le domaine à un riche industriel, Jules Gouïn, dont le petit-fils Henri et la femme Isabel vont faire de Royaumont un cercle culturel brillant, où sont reçus les artistes et intellectuels les plus remarquables du moment.

Une prestigieuse fondation

Depuis la mort d'Henri Gouïn en 1976, un nouveau projet culturel a été défini : la Fondation s'est affirmée comme un lieu de travail et de rencontre pour des artistes professionnels, centré sur les domaines de la musique, de la poésie et du patrimoine. C'est ainsi que Royaumont organise tout au long de l'année des séminaires, des stages et des colloques.

Ce vitrail polychrome du XVIe s., situé dans les cuisines, représente saint Jean-Baptiste.

À gauche, le bâtiment des moines, magnifiquement restauré au XIXe s., abrite aujourd'hui un centre culturel très actif.
De la vaste église consacrée par Saint Louis ne subsiste que la tourelle du croisillon nord, témoin de son élévation.

Accès

À 3 km au nord de Viarmes.

Visites

Tous les jours de 10h à 18h (17h30 du 01/11 au 28/02).

Tél. 30 35 88 90

À ne pas manquer

- Le cloître,
- le réfectoire,
- les anciennes cuisines,
- le bâtiment des latrines et des travaux,
- le palais abbatial.

Saison musicale

Saint-Germain-des-Prés

Au cœur de la vie intellectuelle

Saint-Germain-des-Prés, à droite, était, avec Sainte-Geneviève, la plus ancienne abbaye de Paris. Construite hors les murs de la cité, au milieu des prés, elle occupait alors tout le domaine recouvert à présent par le VIe et le VIIe arrondissement. De l'ancienne abbaye il ne reste donc, outre l'abbatiale, que le palais abbatial, le logement du prieur servant de presbytère et la cour des écuries, devenue place Fürstenberg.

Accès

À Paris, métro Saint-Germain-des-Prés.

Visites

Mardi et jeudi de 13h à 17h.

À ne pas manquer

- Les grilles de Raymond Subes,
- les dalles funéraires,
- les tombeaux,
- les chapelles.

Les grilles modernes de Raymond Subes entourent le chœur du XIIe s. Les colonnes de marbre proviennent de la basilique mérovingienne.

Il y a quinze siècles de cela, en 542, le roi Childebert, l'un des quatre fils de Clovis, rapporte d'Espagne deux précieuses reliques : un fragment de la vraie Croix et la tunique de saint Vincent. Il décide alors de fonder une abbaye aux portes de Paris pour les y abriter. L'église Sainte-Croix-et-Saint-Vincent est consacrée le 23 décembre 558 par l'archevêque de Paris, Germain, qui y sera plus tard enterré et donnera son nom à l'une des plus prestigieuses abbayes bénédictines du monde occidental. Mort le jour de la consécration, Childebert est inhumé, avant beaucoup d'autres, dans ce qui va devenir la nécropole royale : les corps de Chilpéric Ier (567-584) et de sa criminelle épouse Frédégonde, de Caribert (561-567) et de Clotaire II (584-629) y seront recueillis.

Saint-Germain-le-Doré

À l'époque carolingienne, l'abbaye prospère au point qu'elle possède bientôt 10 000 hectares de forêts et de terres cultivables répartis entre Bretagne et Moselle.

En 886, les Normands remontent la Seine et déferlent sur Paris. Venu secourir la ville, l'empereur préfère, à la vue d'une Seine si noire de barques « qu'on ne voyait plus l'eau », traiter avec les assaillants et laisser Siegfried et ses Normands saccager Paris. L'abbaye, que la richesse de sa décoration et son toit de cuivre avaient fait baptiser « Saint-Germain-le-Doré », est elle aussi pillée et incendiée. Il faut en fait attendre l'abbatiat de Morand (990-1014) pour voir abattre les ruines de la première basilique et s'élever le clocher-porche (toujours debout), ainsi que le chevet. En 1010, la nef étant terminée, une première dédicace est célébrée.

La réforme mauriste

Au XVIIe siècle, la réforme mauriste vient se greffer sur l'antique tronc bénédictin, d'où un renouveau monastique. En 1631 en effet, Saint-Germain-des-Prés devient chef d'ordre de la nouvelle congrégation de saint Maur – du nom d'un disciple de saint Benoît mort au Ve siècle. Les Mauristes, qui observent une règle bénédictine adaptée à l'époque, considèrent le travail intellectuel comme le fondement de la vie monastique, ce qui vaudra aux Bénédictins leur réputation de travailleurs acharnés. Depuis Saint-Germain-des-Prés, ils se lancent dans d'importants travaux de recherche sur l'Antiquité et le Moyen Âge.

Le plus entreprenant des membres de la congrégation mauriste est sans aucun doute Grégoire Tarrisse, premier supérieur général de Saint-Germain-des-Prés, qui fait, entre autres, dresser un plan d'étude touchant tous les monastères mauristes de France. Ce qui donnera naissance à la monumentale histoire religieuse de la France et de l'ordre bénédictin qu'est la *Gallia christiana*. Au moment de la Révolution, l'œuvre en est à son treizième volume. De tous les grands mauristes dont vous découvrirez le nom sur les plaques du quartier, le plus célèbre est sans conteste Mabillon (1634-1700), mais on connaît aussi Clément Bouquet et Bouillard, l'auteur de l'*Histoire de l'abbaye royale de Saint-Germain-des-Prez* (1724).

À la veille de la Révolution, l'abbaye s'étendait de la rue Saint-Benoît à l'ouest, au carrefour de Buci à l'est, de la rue Gozlin au sud, à la rue Jacob au nord.

Restaurée par Baltard

Le 4 février 1791, Saint-Germain est transformée en église paroissiale, mais un an plus tard elle est fermée. Les tombeaux ainsi que les statues-colonnes du grand portail sont alors enlevés. Mais en 1795 un décret autorise son rétablissement en lieu de culte. L'église est alors dans un tel état qu'il faut abattre les deux tours jumelles du transept. Mobilier et dallage ont disparu et la plupart des murs sont salpêtrés. En 1842 une restauration est entreprise, sous la direction de Baltard. Les chapiteaux de la nef sont alors déposés et remplacés par des pastiches (les vrais sont au musée de Cluny).

Mère Angélique Arnauld devient abbesse de Port-Royal-des-Champs à onze ans, grâce à une fraude qui la vieillissait de six ans. À la suite d'une grave maladie, elle devait profondément réformer son abbaye (tableau de Philippe de Champaigne, peintre de Port-Royal).

Port-Royal-des-Champs

Le combat fratricide

Le nom de Port-Royal ne saurait être séparé de celui de Racine. Il fit là ses meilleures années d'études. Si la ferme des Granges chère à Pascal, où étaient installées les Petites Écoles, est encore debout, il reste bien peu de chose de ce qui fut longtemps le refuge du jansénisme, demeure des religieuses et des solitaires.

Un endroit insalubre

Port-Royal, nom déformé de Notre-Dame-de-Porrois, était alors un vallon isolé, proche de Versailles et de Chevreuse, entouré de bois épais où pointaient quelques rares clochers. Au

Miniature représentant l'abbaye de femmes Notre-Dame-de-Porrois, dont le nom fut déformé en Port-Royal, attribuée à Madeleine de Boulogne, fille du peintre français Valentin de Boulogne.

fond stagnait un étang aujourd'hui asséché, ce qui en faisait un probable foyer de paludisme.
Avant de devenir le symbole de la lutte farouche qui au XVIIe siècle opposa jansénistes et Jésuites, Port-Royal était une abbaye de femmes. Fondée en 1204 par Mathilde de Garlande, épouse de Mathieu de Montmorency, avec l'appui d'Eudes de Sully, évêque de Paris. Le XIIIe siècle vit l'abbaye se développer grâce aux riches dotations de Saint Louis. Mais la guerre de Cent Ans et le système pervers de la commende provoquèrent un relâchement de la discipline. À la fin du XVIe siècle, le cloître n'était plus qu'un promenoir et les vœux de pauvreté un lointain souvenir. Ne murmurait-on pas qu'on y fêtait chaque année le carnaval ?

Une fillette de onze ans nommée abbesse

En 1602, Antoine Arnauld, seigneur de Palaiseau, avocat au Parlement de Paris, réussit à faire nommer sa fille abbesse, sous le nom de mère Angélique. Elle n'avait que onze ans, mais allait profondément bouleverser l'abbaye. C'est avec elle que commence la grande histoire de Port-Royal. À dix-sept ans, l'abbesse Angélique, qui se découvre une vraie vocation religieuse, impose le principe d'austérité de saint Bernard, exigeant la clôture la plus totale. Bientôt la réforme touche d'autres monastères et attire à Port-Royal un grand nombre de novices.

Ces messieurs de Port-Royal

L'endroit insalubre qui ruinait la santé des sœurs est devenu trop étroit. En 1625, les religieuses s'installent à Paris dans un nouveau monastère, au faubourg Saint-Jacques. Les bâtiments vides des Champs sont alors occupés en

Gravure du début du XVIIIe s.

L'église abbatiale, dont on a dégagé au XIXe s. la base des murs, fut abattue en 1711. Á l'emplacement du chœur on éleva en 1891 cet oratoire néo-gothique. L'ancien colombier du monastère, qui date du Moyen Âge, apparaît sur la gauche. Il est doté d'une des plus belles charpentes de France. Avec les bâtiments de ferme, c'est tout ce qui reste de la « solitude » de Port-Royal.

1637 par les « solitaires », ces fameux « messieurs de Port-Royal » issus de l'intelligentsia parisienne qui ont abandonné charges et honneurs pour vivre l'austère règle de Port-Royal. Ce sont pour la plupart des laïques.
En 1635, l'abbé de Saint-Cyran, disciple de Jansénius, devient le directeur spirituel de mère Angélique. Du coup, Port-Royal se retrouve au cœur d'une querelle entre jansénistes et Jésuites. L'enjeu est de taille : qui va réussir à imposer sa doctrine à l'Église ? Face au jansénisme, les Jésuites, sont puissants et influents ; ils disposent d'une organisation structurée, quasi militaire, de collèges réputés et de conseillers proches du roi, tel le père La Chaise, confesseur de Louis XIV.

Deux conceptions opposées de la grâce

Cette lutte d'influence, qui est au centre de la vie et de l'œuvre de Blaise Pascal, tournera en faveur des Jésuites. Au cœur du débat, deux conceptions opposées de la grâce. Pour les Jésuites, chacun construit, oriente sa vie comme il l'entend. Dieu accorde Sa grâce à tous. L'homme est donc libre de choisir son destin. Pour les jansénistes, Dieu n'accorde Sa grâce qu'à ceux dont il sait par avance qu'ils la méritent ; le libre arbitre est donc limité.

Les Petites Écoles

Lorsqu'en 1648 mère Angélique revient aux Champs une fois les travaux d'assainissement terminés, les solitaires émigrent vers le haut de la colline, aux Granges, ancienne ferme de l'abbaye. Ils y créent les Petites Écoles, destinées à concurrencer les collèges jésuites.

Pures comme des anges, orgueilleuses comme le démon

Mais sous la pression des Jésuites, les religieuses de Port-Royal et les « messieurs » sont dénoncés par le pouvoir royal et par le pape. On les accuse d'hérésie. Les Petites Écoles sont fermées définitivement en 1660, les solitaires n'ayant plus d'autre choix que l'exil ou la Bastille. Pourtant, quarante ans durant, Port-Royal sera un lieu de pèlerinage, ce que le pouvoir royal ne réussira pas à admettre. En 1709, il fait expulser les vingt-trois religieuses survivantes. Le cimetière est profané. L'année suivante, les bâtiments et l'église sont rasés. Mais rien n'y fait. Le jansénisme reste profondément implanté dans le royaume jusqu'à la Révolution, date à laquelle le domaine est vendu en tant que bien national. Les hôtes de Port-Royal appelaient autrefois l'abbaye leur « désert ». C'en est un désormais.

Accès
À 30 km au sud-ouest de Paris.

Visites
Du 15/04 au 15/10 : 14h à 17h.
Dimanches et jours fériés : 11h à 12h et 14h à17h.

Tél. 30 43 74 93

À ne pas manquer
– Le s ruines,
– le musée,
– le colombier.

Gravure du XVIIIe s. représentant le chœur de l'abbatiale de Port-Royal.

GLOSSAIRE

ABBAYE : communauté de moines ou de moniales gouvernée par un abbé ou une abbesse.
ABSIDE : extrémité arrondie de la nef principale, derrière le chœur.
ABSIDIOLE : abside secondaire ; se dit des chapelles rayonnantes autour du chœur.
ABSTINENCE : privation volontaire, surtout en matière de nourriture ou de boisson, certains jours de l'année.
ANACHORÈTE : moine vivant dans une solitude complète.
ARC : courbe décrite par une voûte formée par un ou plusieurs arcs de cercle.
ARC BRISÉ (OU ARC EN OGIVE) : arc formé par deux portions de circonférence.
ARC DOUBLEAU : arc en saillie soutenant une voûte.
ARC EN PLEIN CINTRE : arc constitué d'un demi-cercle régulier.
ARC-BOUTANT : maçonnerie en forme d'arc qui soutient un mur en s'y appuyant de l'extérieur.
ARCADE : ensemble d'arcs maçonnés reposant sur des piliers ou des colonnes.
ARMARIUM : emplacement ménagé dans un mur pour y conserver les manuscrits. Par extension, petite salle où étaient conservés les textes du monastère.
ASCÈSE : effort pour être fidèle à Dieu, passant par l'abnégation, le renoncement, l'acceptation de la souffrance et le dépassement de la peur.
BAS-CÔTÉ : nef latérale d'une église.
BAS-RELIEF : sculpture en faible saillie se détachant sur un fond uni.
BÉNÉDICTIN : mot qui remonte au XIIIe siècle et désignant les moines de l'ordre de saint Benoît, notamment ceux de Cluny.
BÉNÉFICE : revenu fixe attaché à une fonction ecclésiastique.
CANONIAL : désigne ce qui est conforme à la règle (heures canoniales) et ce qui se rapporte aux chanoines (office canonial).
CELLIER : salle aménagée pour entreposer les provisions du monastère. Souvent située dans l'aile ouest du cloître, elle faisait partie de l'aile des frères convers.
CELLULE : chambre individuelle, de taille réduite, servant de logement aux religieux. Elle apparut lors de la suppression du dortoir.
CÉNOBITE : moine vivant en communauté.
CHANOINE RÉGULIER : religieux vivant en communauté en conservant un ministère extérieur.
CHANOINE SÉCULIER : prêtre diocésain tenu à la récitation de l'office au chœur.
CHAPITEAU : bloc de pierre sculpté, mouluré ou orné qui coiffe le fût d'une colonne ou d'un pilier.
CHAPITRE : salle où est lu chaque jour un chapitre de la règle de l'ordre. Par extension, assemblée délibérant des questions de la communauté.
CHÂSSE : reliquaire de grande taille renfermant les reliques d'un saint.
CHEVET : partie d'une église située au-delà du chœur.
CHŒUR : partie de l'église où se déroule l'action liturgique. On désigne par l'expression « moine de chœur » le moine qui est prêtre et peut célébrer la messe, contrairement au frère convers, qui reste dans la nef.
CISTERCIEN : moine de l'ordre de Cîteaux.
CLÉ (DE VOÛTE) : pierre en forme de coin placée à la partie centrale d'une voûte pour la fermer.
CLOÎTRE : espace comportant quatre galeries ouvertes sur un jardin ou une cour et reliant les pièces principales de l'abbaye.
COMMENDE : (du latin *commendare*, confier). À l'origine, dans l'attente de la nomination d'un titulaire, on confiait la charge des églises, abbayes etc., à des clercs séculiers. Cette pratique donna lieu à des abus : on accordait comme récompense à des clercs ou des laïques la jouissance des revenus d'un office, sans que les bénéficiaires aient à assumer les obligations religieuses correspondantes.
CONVERS : religieux non prêtres qui, traditionnellement, assuraient les principales charges domestiques de la communauté.
COUVENT : établissement où les religieux des ordres mendiants vivent en communauté.
CROISÉE DU TRANSEPT : intersection du transept et de la nef.
CUL-DE-LAMPE : élément de support en surplomb dont la forme rappelle le dessous d'une lampe d'église.
DÉAMBULATOIRE : bas-côté tournant autour du chœur et permettant la circulation des moines et des pèlerins sans gêner l'office.
DROIT CANON : véritable doctrine de droit ecclésiastique à partir des textes des Pères de l'Église, décrets conciliaires, etc., classés par thèmes.
ÉCHAUGUETTE : petite tourelle de guet sur un mur.
ENFEU : niche à fond plat pratiquée dans le mur pour y recevoir une sculpture.
ENTRELACS : ornement composé de lignes courbes qui se croisent.
ERMITE : du grec *erêmos*, désert qui donna en latin *eremita*,« celui qui vit dans la solitude ». Les premiers ermites s'étaient retirés dans les déserts d'Égypte.

EXEMPTION : désigne l'autonomie juridique d'un monastère ou d'un ordre par rapport à l'instance qui devrait normalement en être responsable.
FLAMBOYANT : style d'architecture gothique tardive où certains ornements ont la forme d'une flamme.
FÛT : partie principale d'une colonne entre la base et le chapiteau.
GÉMINÉ : groupé par deux (fenêtres géminées, colonnes géminées...).
GISANT : statue d'un mort représenté couché.
GRANGE : dépendance de l'abbaye dans laquelle on stockait les récoltes.
GRÉGORIEN : répertoire officiel de chants d'église à une seule voix, sans accompagnement, fondés sur le rythme de la prose latine. Né au VIIIe siècle en milieu bénédictin et carolingien, il a été écrit, à partir du XIVe, en notes carrées sur des portées de quatre lignes.
HEURES : les heures de l'office divin (ou heures canoniales) sont au nombre de sept, dont une nocturne (matines) et six diurnes (laudes, tierce, sexte, none, vêpres et complies).
JANSÉNISME : courant de pensée émanant d'un théologien néerlandais, Jansenius (1585-1638), qui affirmait que Dieu n'accordait la grâce du salut qu'aux prédestinés qu'Il avait choisis, les autres étant voués à la damnation.
JUBÉ : clôture séparant le chœur de la nef.
LINTEAU : pièce horizontale de pierre ou de bois fermant la partie supérieure d'une ouverture rectangulaire pour soutenir la maçonnerie.
MÂCHICOULIS : galerie située au sommet des tours ou des murs et percée d'ouvertures permettant de lancer des projectiles aux assaillants.
MENEAU : montant ou traverse de pierre divisant une fenêtre.
MOINE : du grec *monos*, seul. Les premiers moines ayant été des ermites, le mot a continué à s'appliquer aux diverses formes de la vie monastique.
MONACHISME : désigne à la fois l'état de vie de ceux qui se retirent loin du monde et l'institution monastique. Il recouvre la vie en communauté et la vie dans la solitude.
MONASTÈRE : établissement où vivent des religieux ou religieuses organisés selon une règle.
NARTHEX : porche intérieur placé à l'intérieur de l'église.
NEF : partie de l'église comprise entre le portail et le chœur.
NERVURE : arête saillante des arcs de la voûte d'ogives.
NOVICE : celui qui, après avoir été admis comme postulant, décide d'aller plus loin dans la vie religieuse ; le novice porte l'habit. La durée du noviciat est fixée à deux ans sans engagement.
OCULUS : petite fenêtre ronde.
OGIVE : nervure placée diagonalement en renfort sous une voûte pour la soutenir.
PARVIS : espace situé devant l'église.
PILASTRE : pilier, ou colonne plate, engagé dans un mur et formant une légère saillie.
PORTERIE : logement du portier, situé à l'entrée du monastère.
PRIEUR CLAUSTRAL : dans une abbaye, premier moine désigné par l'abbé pour le seconder.
PRIEUR CONVENTUEL : supérieur d'un prieuré ou d'un monastère qui n'a pas le titre abbatial.
PRIEURÉ : monastère dirigé par un prieur et placé sous la tutelle d'une abbaye.
RÈGLE : ensemble des statuts auxquels sont soumis les membres d'un ordre religieux.
RELIQUAIRE : coffret contenant des reliques.
RELIQUES : partie du corps d'un saint et objets lui ayant appartenu offerts à la vénération des fidèles.
REMPLAGE : pierres ajourées ornant la partie supérieure d'une ouverture ou la partie intérieure d'une rosace.
ROMAN : période architecturale qui va du Xe au XIIe siècle et caractérisée par l'apparition des voûtes en pierre.
SALLE CAPITULAIRE : salle où se réunit le chapitre des chanoines.
SCRIPTORIUM : atelier où travaillaient les moines copistes, enlumineurs ou calligraphes.
STALLES : sièges de bois, généralement sculptés, situés de part et d'autre du chœur et résevés aux moines.
TOUR-LANTERNE : tour ajourée qui s'élève à la croisée du transept et permettant d'éclairer l'église.
TRANSEPT : nef transversale qui coupe la nef principale et donne à l'église une forme de croix.
TRAVÉE : portion de voûte comprise entre deux colonnes, deux piliers.
TRIBUNE OU TRIFORIUM : galerie haute courant au-dessus des bas-côtés ou de l'entrée occidentale.
TRUMEAU : pilier qui supporte en son milieu le linteau d'un portail.
TYMPAN : espace compris entre le linteau et l'archivolte d'un portail.
VAISSEAU : nef.
VŒUX : engagement public, devant l'autorité de l'Église, par lequel le membre d'un ordre religieux s'engage à mettre en pratique les trois vœux de pauvreté, de chasteté et d'obéissance.
VOÛTE : maçonnerie destinée à couvrir un espace vide entre deux supports parallèles (murs, piliers, colonnes).
VOÛTE D'ARÊTES : voûte formée par l'intersection de deux berceaux de même hauteur.
VOÛTE EN BERCEAU : voûte créée par un arc en plein cintre.
VOÛTE EN CUL-DE-FOUR : Voûte constituée d'un quart de sphère, soit une demi-coupole.
VOÛTE EN PLEIN CINTRE : voûte d'une demi-circonférence.
VOÛTE SUR CROISÉE D'OGIVES : voûte formée par l'intersection de deux arcs.

INDEX

A
Abbon (abbé), 84
Adolbert (abbé), 161
Alain (comte), 52
Alexandre VI (pape), 138
Aligre (Charles d'), 200
Alphonse VI (roi d'Aragon), 188
Amand (saint), 118
Andrieu (dom), 92
Angélique Arnaud (mère), 199, 216
Angilbert (saint), 200
Anjou (Mathilde d'), 78
Anselme (le Père), 14, 33, 34, 50
Antoine le Grand (saint), 10, 156
Apollinaire (saint), 159
Apollinaire (Sidoine), 94
Aquitaine (Aliénor d'), 63, 65, 78
Aragon (Louis), 58
Arbrissel (Robert d'), 76, 77, 79, 92
Ariviscus (moine), 112
Arnault (légat pontifical), 140
Athanase (patriarche), 10
Aubert (Jean), 207
Aubigné (Agrippa d'), 66
Augustin (saint), 34, 52, 182
Aumode (comtesse de Poitou), 72
Austremoine (saint), 94
Autriche (Anne d'), 90
Auxerre (Geoffroy d'), 168
Aygulphe (saint), 82, 159
Aymon le Pacifique, 170
Aynard (famille), 183

B
Bailleul (Roger de), 34
Baltard (Victor), 214
Barberousse (Frédéric), 192
Barbès (Armand), 31
Barnouin (abbé), 149
Beaudouin (ermite), 38
Beaumont (Guillaume de), 34
Belissen (marquis de), 213
Benoît (saint),11, 13, 15, 31, 38, 56, 77, 82, 92, 108, 112, 159, 168, 196
Benoît XII (pape), 17, 140
Béranger (Raimond), 152
Bernard (saint), 17, 19, 88, 89, 98, 124, 152, 168, 178, 190, 202, 203, 216
Berry (Marie-Caroline de Bourbon-Sicile, duchesse de), 43
Bertrand (saint), 58, 131
Bertrand II (abbé), 149
Béthune (Arnaud de), 149
Blanche de Castille, 208, 210
Blanqui (Louis-Auguste), 31
Borgia (César), 138
Bougler (Jean), 60
Bouillard (abbé), 214
Boulogne (Valentin de), 216
Bouquet (Clément), 214
Bourgogne (Anne de), 182
Boyer (Jean de), 125
Braque (Georges), 58
Brionne (Gilbert de), 32, 33
Broglie (famille de), 203
Bruno (saint), 14, 137, 162, 164, 165

C
Cabreta (Oliba), 138
Cacciatori (Benoît), 170
Calmin (saint), 94
Casaletti (Jean), 149
Cassien (saint), 10, 158
Castelnau (Pierre de), 140
Castiglione (Goffredo), 170
Cébazat (Pierre de), 106
Césaire (saint), 159
Champaigne (Philippe de), 18, 216
Champeaux (Guillaume de), 192
Charenton (Ebbe de), 89
Charlemagne, 12, 13, 42, 70, 82, 112, 115, 200
Charles III (duc de Lorraine), 176
Charles VI, 65
Charles VII, 18, 38, 85
Charles VIII, 98
Charles IX, 115
Charles d'Orléans, 107
Charles le Bon, 206
Charles le Chauve, 196
Charles le Mauvais, 34, 213
Charles Quint, 53 176, 200
Chartreux (Denys le), 162
Chemillé (Pétronille de), 78
Childebert (roi), 214
Chilpéric Ier (roi), 214
Choiseul (Gilbert de), 132
Clairvaux (Bernard de), 15, 16, 77, 178, 180
Claudel (Paul), 72
Clément V (pape), 72, 132, 140
Clément VI (pape), 102, 106
Clément VII (pape), 17, 138
Clermont (Amédée de), 168
Clermont (Louis de), 207
Clotaire II (roi), 214
Clothilde (reine), 72
Clovis (roi), 36, 72, 116, 214
Clovis II (roi), 38
Cluny (Odon de), 82
Coigniart (Raoul), 203
Colbert (Jean-Baptiste), 121
Coligny (Gaspard de Châtillon, sire de), 35

Coligny (Odet, dit le cardinal de), 86
Colomban (saint), 12, 42, 56, 192, 196
Comeau (dom Antoine-Bernard), 203
Commynes (Philippe de), 30
Condé (Louis II de Bourbon, dit le Grand Condé), 90
Constantin Ier (empereur), 10
Cyprien (saint), 68, 70

D
Dadon (moine), 112, 115
Dagobert (roi), 116, 200
David (Jean), 107
Delvaux (Paul), 171
Desjardin (Paul), 190
Druon (Maurice), 79
Du Guesclin (Bertrand), 213
Duprat (Antoine), 84, 86
Durand de Bredons (abbé), 118
Du Vergier de Hauranne (Jean, dit Saint-Cyran), 217

E
Edme (saint), 190
Édouard III (roi d'Angleterre), 181
Édouard le Confesseur, 107
Eginhard (abbé), 42
Épaignes (Geoffroy d'), 33, 34
Estaing (François), 149
Este (Hyppolyte d'), 206
Estissac (Geoffroy d'), 66, 72
Estrée (Jean, Maréchal d'), 165
Étienne (saint), 15, 16, 108
Étoile (Pierre de l'), 92
Eucher (saint), 159

F
Falciat (Pierre), 106
Foulques V, 78
Foye (sainte), 112, 114
François Ier, 34, 35, 53, 98, 149
Frédégonde, 214
Fuveau (Guillaume de), 151

G
Garin (abbé), 138
Garlande (Mathilde de), 216
Gaudouin (ermite), 38
Gauzlin (abbé), 84
Geoffroy (Étienne François, dit Geoffroy l'Aîné), 58
Germain (saint, archevêque de Paris), 214
Gide (André), 190
Girardin (marquis de), 207
Gombault (ermite), 92
Gouffier (Adrien), 35
Gouïn (Jules), 213
Gradlon (roi), 56
Grammont (dom Paul de), 32, 35
Granges (Jean des), 34
Grégoire Ier (saint, dit Grégoire le Grand), 11, 34
Grégoire XI (pape), 106
Guénolé (saint), 56
Guéranguer (dom Prosper), 19, 58, 60
Guifred (comte de Cerdagne), 142
Guillaume Ier (dit le Conquérant), 21, 28, 33, 38, 46, 107
Guy II (comte de Ponthieu), 202
Guzman (Dominique de, dit saint Dominique), 17

H
Henri Ier Beauclerc, 34, 46, 50
Henri II Plantagenêt, 15, 28, 78 125, 190
Henri III, 190
Henri IV, 176
Herluin (chevalier), 32, 35
Hilaire (saint), 10, 72, 159
Honegger (Arthur), 107
Honorat (saint), 10, 137, 158, 159
Hugo (Victor), 19, 31, 43
Hugues (abbé), 184, 188
Humbert III (roi), 170

I
Innocent II (pape), 188
Innocent X (pape), 66

J
Jacob (Max), 58, 60, 82, 87
Jacquemart-André (Nellie), 207
Jacques (saint), 159
Jansenius (Cornelius Jansen, dit), 217
Jean Ier (pape), 149
Jean II (pape), 89
Jean XXII (pape), 66, 140
Jean le Bon, 98
Jeanne d'Arc, 85
Jérôme (saint), 10, 34
Joinville (Jean, sire de), 210, 212
Jourdain de l'Éloge (Amboise-Léopold), 203
Julyot (Jean), 193

L
La Chaise (François d'Aix, dit le Père), 217
La Rochefoucauld (cardinal de), 188
Lamartine (Alphonse de), 132, 168
Lamennais (Félicité de), 53
Lanfranc (prieur), 14, 32, 33, 46
Laugton (Étienne), 190
Laurens (famille), 125
Le Masson (Innocent), 165
Léodebold (abbé), 82
Léon X, 34, 98
Léouze (Alex de), 149
Louis Ier le Pieux, 13, 118
Louis VI le Gros, 15, 94, 206
Louis IX, 63, 208, 210
Louis XI (Saint Louis), 28, 34, 165, 182, 199, 206, 216
Louis XIV, 90, 132, 149
Louis XV, 79, 140, 202
Louis XVI, 156, 213
Loup (saint), 159
Lusignan (Geoffroy de), 66

M
Mabillon (Jean), 18, 214
Mâcon (Hugues de), 190
Maeterlink (Maurice), 43

Maïeul (abbé) 14, 172, 188
Malraux (André), 70
Mann (Thomas), 190
Marcel (Étienne), 213
Marcenat (Raymond de), 94
Martin (saint), 10, 19, 72, 83, 120
Mathilde (reine), 33, 46
Matisse (Henri), 58
Mauléon (Jean de), 132
Maur (saint), 156
Mazan (Pierre de), 148
Mazarin (Jules), 90, 107, 213
Mellet (dom), 60
Mélusine (fée), 66
Mérimée (Prosper), 19, 53, 70, 112, 115, 126, 152
Mignard (Pierre), 156
Mocquereau (dom), 60
Montaigut (Bertrand de), 121
Montespan (Mme de), 79
Montesquiou (famille de), 208
Montfort (Jeanne de), 170
Montfort (Simon de), 120, 129, 140
Morand (Louis), 53
Motte (Jean de La), 34

N
Napoléon III, 31
Navarre (Bérangère de), 62, 63, 79
Nerval (Gérard de), 206
Norbert (saint), 176

O
Odile (sainte), 174
Odilon (abbé), 14, 118, 188
Odolric, 114
Odon (abbé), 14, 188
Orléans de La Motte (Louis-François-Gabriel d'), 203
Orseolo (famille), 138
Osmond (abbé), 132
Ouen (saint), 38

P
Pascal (Blaise), 18, 199, 217
Patrick (saint), 159
Paul III (pape), 35
Pépin II, 94
Pépin le Bref, 12, 112
Perseigne (Adam de), 63
Peyrac (Aymeric de), 118
Pfaff de Pfaffenhofen (baron), 202, 203
Philibert (saint), 38, 196
Philippe Ier, 82, 87
Philippe II Auguste, 28, 63, 190, 200
Philippe III le Hardi, 181
Philippe IV le Bel, 72
Philippe VI, 203
Picasso (Pablo), 58, 60, 87
Pierre le Vénérable, 188
Pierre V, 149
Pons de l'Orme (abbé), 138, 156
Pothier (dom), 60
Prince Noir (Edouard, dit le), 17, 89

R
Rabelais (François), 66, 72
Racine (Jean), 18, 199, 216
Raymond VI, 140
Reverdy (Pierre), 58, 60
Richard Ier Cœur de Lion, 26, 63, 79
Richard II, 38
Richelieu (Armand Jean du Plessis, cardinal de), 107, 213
Riquier (saint), 200
Robert (saint), 106
Robert II Champart, 38, 98
Robert le Pieux, 84, 131
Rochechouart (Louise de), 79
Rochechouart-Mortemer (Gabrielle de), 79
Rohan (Louis René Édouard, dit cardinal de), 98, 107, 156
Rollon (abbé), 21
Romuald (père), 31
Rouault (Georges), 72
Rousseau (Jean-Jacques), 206, 207
Roux (Antoine le), 48
Roye (Pierre), 107
Royer (prieur), 53

S
Saint-Nectaire (Jacques de), 107
Savin (saint), 68, 70
Savoie (Louis de), 170
Schlumberger (Jean), 190
Schuman (Robert), 72
Sclua (moine), 142
Shotard (Albert), 65
Simon (saint), 121
Sorel (Agnès), 38
Suger (abbé), 13, 15, 78, 89

T
Tancarville (Guillaume de), 48
Tarentaise (Pierre de), 168
Tarisse (Grégoire), 214
Théodulf, 82
Torigny (Robert de), 28
Tours (Grégoire de), 131
Tremblaye (Guillaume de La), 18, 35, 46, 87
Trémoille (Jean de La), 86
Turenne (comte de), 145
Turlande (Robert de), 98, 103

U
Urbain II (pape), 76, 120, 164, 184, 188

V
Valéry (Paul), 190
Villehardoin (Geoffroy de), 170
Vincent (saint), 159, 214
Viollet-le-Duc (Eugène), 19, 126
Volpiano (Guillaume de, abbé), 14, 38, 188

W
Wandrille (saint), 38, 42

Y
Yves (saint), 53

Crédits photographiques

Les photos de cet ouvrage sont de Richard Nourry, à l'exception de :

Couverture : vue aérienne du Mont-Saint-Michel
Y. Arthus-Bertrand – Altitude
pp. 28, 32/33 : M. Durazzo – A.N.A.
p. 35 : J. Mounicq – A.N.A.
p. 165 : R. Neumiller – A.N.A.
pp. 32, 36, 53, 70, 76, 82, 102, 201, 202, 209 : D.R.
pp. 76/77 : C.C.O. (Fontevraud)
pp. 104/105 : Éditions La Goélette
pp. 19, 148/149, 149 (en haut), 164 : Éditions Gaud
pp. 166/167 : B. Pambour
pp. 162/163 : J. Bravo
pp 68/69 (3 photos du haut) : CESCM-CNRS

Les Plus Belles Abbayes de France
publié par Sélection du Reader's Digest

Photogravure : Art'nord, Aire-sur-la-Lys
Impression et reliure : Grafica Editoriale, Bologne

PREMIÈRE ÉDITION
Troisième tirage

Achevé d'imprimer : août 1998
Dépôt légal en France : janvier 1996
Dépôt légal en Belgique : D-1995-0621-105

Imprimé en Italie
Printed in Italy